世界愈快，對孩子說話要愈慢！

澤爸42個慢溝通提案，
幫爸媽戒掉情緒恐嚇式的快教養

親職教育講師
魏瑋志（澤爸）——著

目錄

自序　放慢溝通的步調，讓愛有呼吸空間　008

PART 1
大人不想聽的話，別對孩子說
戒掉快教養的九種溝通語病

別對孩子翻舊帳：「你怎麼每次都這樣！」　015
別說做不到的事：「再吵，我們就坐飛機回家。」　020
不要不講理只下命令：「你就是要聽我的！」　025
孩子不願分享時，別說：「你好小氣！」　030
停止對孩子碎唸：快點吃飯、快點穿衣服　036
別用否定詞語：不要跑、不可以　043
孩子嘗試禁止的事，別罵：「你怎麼這麼不聽話！」　049
孩子不願接受時，別說：「這是為了你好。」　055
一定要做的事，別再問「好不好」　060

PART 2

先同理再教導，比急著建議有效

打開孩子心門的九個説話術

當孩子分享事情時，先聽、認同、再教導 069
當孩子考不好時，讓他知道成績不等於愛 076
當孩子不想上學時，同理回應但堅持目標 084
當孩子壓抑情緒時，告訴他，不想忍就哭吧！ 092
當孩子上學前拖拖拉拉，單純回應不碎唸 096
當孩子羨慕他人時，引導孩子珍惜現有的 102
當孩子未達到目標，稱讚他的努力與進步 109
當孩子玩到不想走時，提早提醒給予緩衝 114
當孩子賭氣回應時，把是非題變選擇題 119

PART 3

掌握陪伴、交流、了解、話題四個重點

建立聊不停關係的六大溝通態度

聊孩子有興趣的事 127
分享爸媽過往故事 133
詢問孩子：「希望爸媽陪你做什麼？」 138
引導孩子去想，他要什麼 143
教導孩子比電玩更重要的事 149
我不會給你手機，但可以借你 157

PART 4

聰明回應孩子常問的七個問題

多花一分鐘，引導孩子的思考力

爸媽，這是什麼？ 165
為什麼我要讀書？ 171
他會不會是騙人的？ 176
比中指是什麼意思？ 181
為什麼大人可以？而我不行？ 186
人為什麼要活著？ 191
爸媽，可以請你幫我嗎？ 197

PART 5

「不說話」的五種溝通方式

耐心傾聽，陪孩子度過情緒期

孩子在哭鬧時，請陪伴他哭完 205

孩子沮喪時，請同理並支持他 210

孩子覺得大人不懂他時，傾聽並討論出共識 216

孩子想像時，順著他的話去說 221

孩子分享時，不要預設立場或吐槽 225

PART 6

表達關心的六種愛的話語

回歸教養初衷，對孩子愛從口出

遇到手足衝突：「你們討論該怎麼做。」 234
當孩子害怕時：「我陪你去。」 243
當孩子說討厭爸媽：「你這麼說，爸媽聽了會難過。」 247
別把另一半當壞人：「你試試看，媽媽會很開心。」 252
當孩子做了爸媽提醒過的事：「你有沒有怎麼樣？」 256
孩子放學大喊累時：「孩子，上學辛苦啦！」 262

附錄 爸媽與孩子的雙向溝通ＳＯＰ 268

自序

放慢溝通的步調，讓愛有呼吸空間

「你平常都跟爸媽聊些什麼呢？」幾年前在某個親戚聚會場合，我問一位十四歲的國中生。

「我很少跟他們聊天。」他一副無所謂的模樣說。

「連很重要的事情，需要跟爸媽討論的也不說嗎？」當時澤澤五歲，正處於事情都會跟爸媽講的年紀，所以我聽到這孩子的反應有些驚訝。

「有是有，但還是很少。」他想了一下子。

「若是他們主動詢問，你會怎麼回答？」我好奇的問。

「看問什麼。若是話題很無聊，我就會回：還好啊、不知道、差不多、你說呢、我忘了……然後，趕緊進房間寫功課跟滑手機。」他說了一連串三個字的敷衍答覆。

「是什麼原因讓你不想聽也不想回答呢？」我再問。

「覺得煩吧！他們總是一直唸我、批評我。好像做什麼都不對、不夠好，只有聽他們的才是對的。」

「你可以試著表達想法。」

「我講過，但沒有用。不是被唸，就是罵我愛找藉口、頂嘴、不孝順……所以我也

懶得說了，躲在房間裡還比較自在。」

「那你就讓他們唸喔？」我反問。

「對啊，反正我就站著想自己的事，等他們唸完。」原來他在等時間過去，爸媽說的話，一個字都沒聽進去。

「我相信你爸媽是愛你的，為什麼你聽不進去呢？」我由衷地問了他最後一句。

「不知道耶。就是不想聽。」他抬起頭，看了看天空。

他那大人般的口吻，從依舊稚嫩的臉龐說出來的話，讓我深思了許久，也開啟我想要進一步探討親子溝通問題的念頭。

是什麼原因，從五歲的滔滔不絕，到十四歲的惜字如金？

是什麼原因，從喜歡黏在爸媽身旁講話，變成只覺得爸媽很煩？

是什麼原因，從任何話都跟爸媽說，長大後卻只想跟同學分享心事？

正是因為我們太愛孩子，同時也太愛「教」孩子，而忘記要「聽」了。

溝通是為了理解而不是聽話

孩子兩歲左右的時候，開始說人生的第一個不要。隨著他們日漸長大，自我意識也愈來愈強，可能講出不好聽的話，或是做出我們意料之外的行為。愛孩子的我們當然知道要教他，於是，這時就需要溝通了。

親子溝通常常遇到兩種狀況，第一種是爸媽完全不聽孩子說話，認為孩子的表達是在挑戰權威，習慣以大人的角度去思考孩子的行為，因此不能接受孩子的哭鬧，也無法理解明明是為他好，他為什麼不願意呢！若是孩子反抗，批評、指責、謾罵隨之而來，只有聽話與照做才是最乖、最孝順的表現。

第二種是爸媽聆聽孩子的目的，不是為了討論與想辦法，而是為了反駁與說服，甚至用愛來勒索，用繁瑣的說詞與囉唆的道理實施假民主，本質上卻依然是要孩子聽話。這一類型的父母，聽演講與看教養書的目的，根本沒有想要了解孩子為什麼會有情緒？為何會反彈？只希望得到「孩子不要再吵的方法」與「快速說服孩子的祕招」。

當溝通變成從上到下的命令時，親子之間的感情肯定會愈磨愈薄，最後演變成孩子只想躲在房間，甚至不想回家的地步。孩子內心想傳達的事情，達不到分享的目的，只得到爸媽的誤解、忽略與碎唸，導致寧願跟同學說，也不要跟爸媽說的現象。這些情況絕對不是爸媽自我安慰一句「青春期叛逆」就能忽略，而是與孩子從小到大都溝通不良所累積的結果。

溝通是在同一平面的交叉線，是為了要達到「共識」、得到「雙贏」與互相「理解」之目的。

雙向溝通，同一國的感受

我喜歡孩子直接哭、鬧或是堅持己見，因為這些都是他們表達的方式。表達才是溝通的開始。孩子用哭來傳達情緒、用鬧來表現想法、用堅持來展現個性。我們接收到這些訊息，再用好的方式來處理、好的溝通來應對，親子關係才會有呼吸的空間。

在這層相同頻率與溫度的呼吸空間裡，我們能聽懂彼此的話語、聽進對方的想法、感受互相的信賴、想出雙贏的方法，如此才會讓孩子有著我們跟他同一國的感受。唯有相互了解的同一國，孩子真心認為爸媽懂他，爸媽願意傾聽他說話，那麼，孩子內心想講的話，才會最想跟我們講，而我們所講的話，孩子才願意聽進去，達到真正的雙向溝通，建立起一輩子聊不停的親子關係。

世界運行得很快，我們對待孩子也跟著急促了起來：早上趕著孩子去上課，一有拖延就開罵，因為會害爸爸上班遲到；晚上趕著孩子上床睡覺，一有哭鬧就不耐，因為會讓媽媽無法休息。在忙碌的生活中，要找到適合親子雙方的溝通與教養方法，相當需要「陪伴」與「耐性」這兩個最簡單，卻也最難辦到的事情。

《世界愈快，對孩子說話要愈慢》用實際生活中的點點滴滴，和大家分享如何跟孩子慢慢說。因為唯有「慢」，我們才可以聽懂他想表達什麼；唯有「慢」，我們才可以思索孩子行為背後的原因；唯有「慢」，我們才可以讓孩子在愛的話語中快樂成長。

PART 1

戒掉快教養的九種溝通語病

大人不想聽的話，別對孩子說

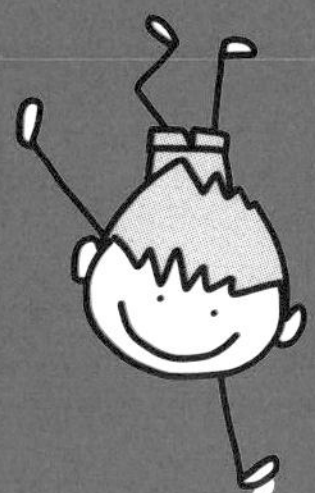

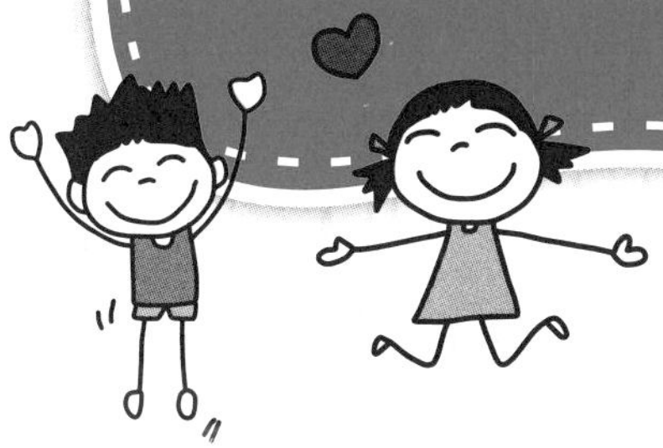

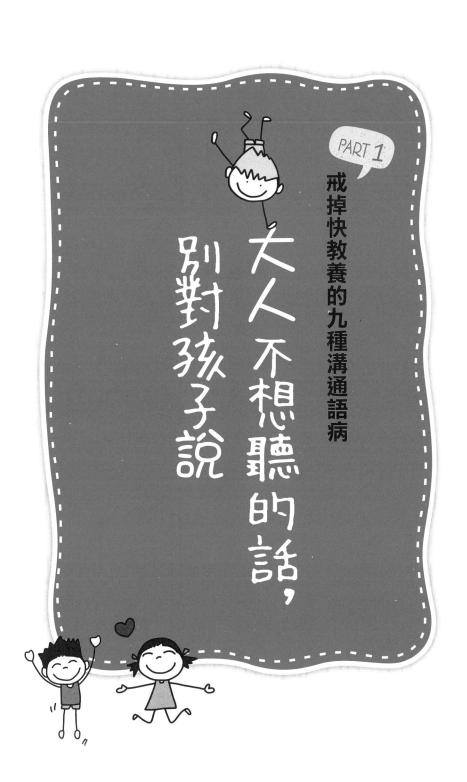

孩子跟大人一樣都是獨立的個體，也就是說，與「人的感受」相關的話語跟做法，接收端絕對是一致的，不會有大人與孩子的差異。只要是大人不喜歡與不接受的感受，孩子也一定不會喜歡、接受。

我們不喜歡被主管、爸媽或另一半不斷地翻舊帳、威脅恐嚇、命令獨斷、冷嘲熱諷、碎唸說服……或施以謾罵、責備等，讓內心充滿恐懼與害怕的言行。而這些感受，孩子也肯定不會喜歡，不管是否套上「這是為了你好」、「我不會害你」、「我是為了要你記住」的安慰帽子，本質上絕對都是一樣的。

所以，在對孩子脫口而出一些情緒用詞之前，請先想一想：若這些話是他人對我們說的，我們會喜歡嗎？會接受嗎？當答案是否定時，請把這些話吞回去，換成我們喜歡與接受的溝通方式，來跟孩子說話。

別對孩子翻舊帳：「你怎麼每次都這樣！」

當爸媽希望孩子改進的事情，已經講了非常多遍、提醒非常多次，但孩子又再犯時，爸媽很容易脫口而出：「你怎麼每次都這樣！」然後孩子則會辯駁：「我哪有每次！」接著，爸媽會說：「明明就有。」最後親子之間陷入與事情無關的口舌之爭，以及不斷翻舊帳的鬥嘴抱怨。

親子情境：孩子爭搶玩具

「哥哥，還給我！」花寶大叫。

「妳如果抓得到我，就還給妳。」澤澤邊跑邊笑。

「我不要去抓你，這是我的東西，請還給我。」花寶有點生氣了。

「好啊，還給妳，來啊！」澤澤看似要還，其實不然，反而挑釁花寶去抓他。

「澤澤，你有聽到妹妹在說什麼嗎？」老婆看到了，立刻制止澤澤。

「妹妹說還給她。」聽到媽媽講話，澤澤停下了腳步。

「那你有還嗎？」老婆有些怒意地反問。
「沒有。」澤澤搖搖頭。
「為什麼不還？」
「因為我覺得好玩。」
「好玩就可以故意不還嗎？你怎麼每次都這樣！」

換個角度想

「每次都這樣」背後是對孩子的不信任

澤澤是個好玩的孩子，喜歡把任何事情都變得有趣。但有時候，他的玩笑會有些超過界線，因為覺得好玩，反而沒有察覺到對方的感受。每次遇到這樣的情況時，我們一定會跟他講，為什麼不行這麼做，以及該怎麼做比較好。提醒的當下，澤澤都會點頭說好。但是，沒隔多久，當他開心的時候，又會忘記我們說過的話，繼續開他認為好笑的玩笑。

當爸媽發現自己一再提醒的事情，孩子又再犯時，很容易脫口而出：「你怎麼每次都這樣！」不過捫心自問，孩子真的有「每一次」嗎？其實，這只是爸媽把對孩子的失望給誇大罷了，彷彿我們說過的話，孩子下一秒鐘就得立刻做到，而且只要有一次沒做到，就變成了「每次都這樣」。

這樣的場景在生活中時常發生：工作上，主管交辦事情，自己告訴自己要仔細核對，但還是因為粗心而犯錯；跟男朋友約會，自己告訴自己要提早到，但還是因為忙碌而遲到了。假使主管對我們大發雷霆地說：「你怎麼每次都這樣，教都教不會！」或男朋友不耐地說：「妳怎麼每次都這樣，我實在很受不了妳！」此時，我們聽到的心情是如何呢？如果身為大人的我們都無法做到永遠不犯錯，為何卻要求孩子做到呢？

只要孩子不是故意去做爸媽不斷告誡的事情，我們應該要聚焦在他進步的幅度，而非針對他的不小心或忘記，然後大肆地指責：「你怎麼每次都這樣！」這句話隱含著爸媽對孩子的不信任，讓孩子認定爸媽看不到自己的努力與進步，產生了「既然你都認定了我不行，那我為什麼要做好呢?!」的失望反彈，導致親子關係漸行漸遠。

這樣說就解決了！

永遠相信孩子會做到

回到一開始的情境題，最後事情是如何解決的呢？

「請現在還給妹妹。」看到澤澤的回應，我開口要求他。

「好的。」澤澤知道爸媽因為他的行徑而不太高興，很識相的把東西還給妹妹。

「爸爸知道你在跟妹妹玩，但是你有看到妹妹笑嗎？」我問。

「沒有，妹妹沒有笑。」澤澤回答。

「她的表情跟語氣是怎麼樣的呢？」

「是生氣的。」

「既然妹妹因為你的行為而生氣，那就不要把你的好玩，變成他人的不好玩。你應該試著用好玩的點子，讓大家都感到開心才對。」

「我知道了。」

「你一定要試著去感受對方的表情，如果他是開心的話，你可以繼續玩。可是，如果對方生氣或不高興時，你應該怎麼做呢？」

「停下來，不要再開玩笑了。」

「沒錯，雖然類似的話，爸爸已經說過很多遍了，你每次都回答知道。但不管之後是否還會發生，爸爸永遠相信你一定做得到。」

「謝謝爸爸。對不起，我剛剛又鬧妹妹了。」

「其實爸爸發現，這幾天有好多次，你開玩笑真的有適可而止，懂得在他人不高興之前踩剎車，你的努力跟進步我都看在眼裡，已經很棒了。今天只是偶爾忘記了，沒有關係，但以後還是要提醒自己。」

「好，我會記得的。」澤澤露出堅決的眼神。

「爸爸真的好喜歡你能逗大家笑的個性，假使你可以每一次都把好玩的事情也感染到每一個人都覺得好玩，那實在是太讚了。」

稱讚孩子進步的幅度，即便那個幅度很小；忽略不小心的再犯，即便那個再犯頻率略高，讓孩子知道我們對他有信心。孩子會因為爸媽的肯定而相信自己，因為信任而永不放棄，然後，用愈來愈進步的表現來回應我們，親子關係自然就變得更加緊密了！

跟著澤爸一起練習親子溝通

當孩子又做了不對的事情時，我們要說：

Step 1.

句型：「相信你一定會做到。」

重點：表達相信孩子，對孩子的信任。

Step 2.

句型：「你的努力跟進步，我都有看到。」

重點：稱讚孩子處理此行為進步的部份。

別說做不到的事：「再吵，我們就坐飛機回家。」

當孩子爭吵或出現不當行為時，若爸媽該講的都講了，孩子卻依然故我，下一步就是要明確讓孩子知道，他們的行為會面臨什麼處置。不過，爸媽說出口的教養處置，一定要先在腦中思考過一遍，這些應對方法是自己可以辦到與接受的，才可以對孩子說，不然只是威脅與恐嚇罷了。

親子情境：旅行途中的意見不合

過年前，我們全家人到香港四天自由行，由於購買的迪士尼門票自動升等為兩日券，所以行程的後面兩天待在迪士尼樂園裡，而前兩天就在市區逛街。

頭兩天，澤澤與花寶兄妹倆偶爾會因為一些事情而爭吵，像是：誰推哪一個行李箱、誰要拿房卡、誰睡哪一張床等等。雖然我每次都教導他們要好好討論，但他們遇到事情總是先吵再說，讓原本開心的出遊，因為花了一些時間處理紛爭而搞到心煩不已。

第三天早上，才剛剛坐上前往迪士尼樂園的接駁車，兄妹倆又因為誰要坐在窗邊的位置而鬥嘴。

「等一下就要到迪士尼樂園了，爸爸希望大家可以開開心心的玩，而不是都在生氣。請問你們可以做到嗎？」我對他們說。

「可以。」兩小鬥嘴完了，快速答應我。

「下次遇到意見不合的事情時，請你們真的要做到互相討論，不管是輪流、分配、交換、妥協等等，有很多辦法，而不是只有生氣。」

「好。」

「既然你們答應會做到，等一下在迪士尼樂園裡，只要一有爭吵、鬥嘴的狀況發生，沒有好好的討論解決方法，我們就立刻暫停任何事，等到你們吵完了、不生氣了，再繼續玩。」

「為什麼？我不要！」澤澤率先反對。

「前幾天已經有太多次，你們說會討論，但是事情一發生就忘了。所以，假設待會排隊時，你們又爭吵了，我們就立刻離開，直到你們討論好了，再重新排隊。」

「我不要這樣啦！」花寶也抗議著。

「你們可以表達不要，但爸爸一定會做到。」

換個角度想

爸媽說出口的每句話都是教養

當我們講也講了、兇也兇了，道理說盡，孩子對於正確行為的做法也倒背如流，卻依然不改，此時，一定要有相對應且孩子會在意的處置方式，而不是隨口說說而已。

爸媽最常見的回應像是：「你們再吵，我們就坐飛機回去了。」「等一下把你們送到警察局去。」「再不聽話，我就把你丟在這邊，不要你囉。」這類帶有威脅與恐嚇的情緒用語，仔細想想，根本就不會真的去做。難道真的因為一吵就坐飛機回國了嗎？真的把孩子送到警察局嗎？真的把孩子丟在原地嗎？當然不可能。

孩子還小，對爸媽的恐嚇或許會因為害怕而忍耐。但等他們再大一點，發現爸媽只是說空話，根本不會去實踐時，再來對爸媽的話就只會聽聽，完全不予理會，造成日後的管教之路愈來愈困難。

這樣說就解決了！

說到做到，堅持到底

當接駁車抵達迪士尼樂園門口，所有人正準備起身時，坐在靠走道位置的花寶，手忙腳亂地收拾包包，而澤澤站在窗邊等了一下子，有點不耐煩地催促她：「快一點啦！」被澤澤念了一句的花寶，滿臉不高興地將雙手交叉放至胸前，很強硬地坐回原位，擺明「我不走了」，於是你一言我一語，兩人又開始爭吵。

「你們統統過來坐下，妹妹還在哭，你也在生氣，等你們都生完氣了，我們再進去。」下車後，我把他們叫到路旁的椅子坐下。

「我不要，我現在就要進去玩。」澤澤說。

「我們當然會進去，但是要等你們都沒事了，再一起開開心心地走進去。」

就這樣，我們從早上十點二十分（十點半開園）開始就坐在迪士尼樂園的招牌前，看著一群又一群的遊客入園。妹妹哭完了，換心急的哥哥大哭，直到近十一點鐘，兩人才平靜下來。「好啦，都哭完了嗎？」我問。「嗯。」兩小點點頭。「等一下要好好討論，可以嗎？」「可以。」「太棒啦～我們走吧！」我們終於踏進了迪士尼樂園。

爸媽進行處置的當下，不管多麼心疼流失的時間與金錢，像是：花了不便宜的門票錢，卻待在門口近四十分鐘；看見人潮不斷地湧進樂園，而想到等一下會少玩多少設施、要排好久的隊伍……但無論如何，都要讓孩子見證爸媽說到做到的堅持態度。

因為「溫柔的堅持」，絕對是教養路上最好的武器。

相信孩子會愈來愈進步

後來在迪士尼樂園那兩天，澤澤與花寶真的一次都沒有吵過，連小鬥嘴都沒有，偶爾某一方有點小情緒，另一人一定會試著討論找出方法。畢竟，兩人知道只要吵架，一切的玩樂就會被暫停，所以有著共同的目標：我們要繼續玩下去。

回到家後，兄妹倆延續著這模式好多天，一起嘗試找到方法解決問題，也共同度過沒有大人介入的成功磨合經驗。

當然，兄妹倆依然會爭吵，但用不著對孩子說：「你們要繼續保持。」孩子之所以是孩子，就是因為他們心智尚未發展成熟，容易不斷地犯一樣的錯誤，所以才需要身為父母的我們在旁邊進行適度的教導。而教導的同時，我們只要相信孩子，看著他們愈來愈進步就可以了。

跟著澤爸一起練習親子溝通

當孩子明知故犯時：

Tip

句型：「如果你們再繼續爭吵，我們就暫停一切玩樂。」

重點：說出爸媽自己也可以辦到與接受的教養處置。只要說出口了，當孩子犯規時，就要堅持說到做到。

不要不講理只下命令：「你就是要聽我的！」

面對孩子的要求，爸媽不知道該如何解釋，或是已經解釋過了，孩子依然堅持「一定要」，這時爸媽通常會說出獨斷命令的話語，像是：「因為我是你爸爸，所以你一定要聽我的。」「沒有為什麼，就是這樣。」「不准就是不准，哪有這麼多問題。」只不過這樣的高壓命令容易造成反效果，不但沒有解決孩子的問題，還有可能讓雙方僵持不下，最後傷害親子關係。

親子情境：孩子堅持要買東西

「爸爸，我可不可以買餅乾？」澤澤問。

「不行，請你選別的！」我給予否定的答案。

「為什麼不可以買？」澤澤不放棄的再問一次。

「你現在已經在咳嗽了，不准買。」

「我不要，我想要吃餅乾。」

「我已經說過了，不行就是不行。」
「為什麼都要聽你的?!」

換個角度想

孩子只會想到當下的快樂

在澤澤與花寶的成長過程中，經常出現上述對話。孩子有自我主見與想法絕對是好事，當然我們也要堅守爸媽的職責，該拒絕的一定要明確的拒絕。畢竟，孩子通常只會想到當下的快樂，而聯想到後果的，往往是身為大人的我們。

如果爸媽習慣用獨斷命令的方式與孩子溝通，只會讓他充滿不解，並且因為害怕而不敢再問，最後不情願地壓抑內心的困惑。等孩子長大了，發現爸媽的高壓命令是可以反抗、不聽從的，這種壓抑便會轉變為凡事都跟爸媽爭吵的叛逆，或是表面聽話卻私下偷偷進行的隱瞞，這兩者都是在高壓溝通之下，所產生的後遺症。

唯有用情緒與感受的說明方式，才能讓孩子發自內心的明瞭「爸媽不准我這麼做，是真的為我好」。

用情緒與感受的方式說明

關於澤澤想吃餅乾的問題，最後是這麼解決的：

「我知道你想要吃餅乾。」我先同理澤澤想要吃的感受。

「對啊。」

「但是爸爸擔心你吃了餅乾，咳嗽會更嚴重。」同時也提出了我的擔憂。

「但我還是想吃。」

「假使你咳得更嚴重的話，搞不好需要待在家裡休息，就不能出來玩了。然後這些會讓你繼續生病的食物，不管是冰的、甜的或辣的，完全不能吃喔。」

「是喔？」澤澤開始思考逞一時快樂的後果了。

「不然，等你的咳嗽好了，我們再來選，或是現在去挑可以吃的東西，好嗎？」

「我想等咳嗽好了，再來買餅乾，可以嗎？」澤澤接受了我的提議。

「好的，沒有問題。」

「**知道你想要吃**」**是講出孩子的感受**。先說出孩子內心的想法，讓他了解到爸媽懂他為何如此堅持。唯有讓孩子感覺到我們懂他的行為時，溝通之門與聆聽之窗才會打開且順暢。

「**爸爸擔心你**」**是描述爸媽的情緒**。把我們對孩子的行為所產生的情緒告訴他，用情感交流的方式，說明我們要求他聽話的原因，而非針對其行為不斷地大肆批評與指責。如此，孩子才能體會到爸媽的用心，而不是單純感覺到「爸媽都在唸我」、「爸媽只會要求我聽話」。當孩子願意把爸媽的話聽進心裡，進而開始思考，才不會下意識的為反抗而反抗。

「需要待在家裡，不能出來玩了」、「冰、甜與辣的食物都不能吃」是提醒這麼做的後果。孩子不會想到後果，想到後果的是大人，所以一定要告知孩子，若是他依然堅持，而且爸媽放任答應的後果是什麼。引導孩子試著聯想，當他想到將來可能要承受此後果的場景，多半就會冷靜下來，願意與爸媽進行討論。

「等你的咳嗽好了，我們再來選」、「去挑可以吃的東西」是提供其他的選項。獨斷命令的溝通方式，簡單來說就是「不要問為什麼，照做就對了」的軍事化管理，但家不是軍隊，而應該是充滿愛的地方。告訴孩子，雖然他想做的事情不能做，但是有其他的方法可以選擇；雖然要聽爸媽的話，但是可以一起討論出雙贏的方法。

在堅持規矩的原則下，保留些許彈性，給予孩子可選擇與討論的空間，如此才能讓孩子深深的體會到，「我們管教你，但是依然愛你」。

跟著澤爸一起練習親子溝通

當孩子說：「為什麼都要聽你的？」我們要說：

Step 1.

句型：「我知道你想要吃。」

重點：講出孩子內心的感受。

Step 2.

句型：「擔心你吃了，咳嗽會更嚴重。」

重點：描述爸媽擔心的情緒。

Step 3.

句型：「冰、甜與辣的食物都不能吃。」

重點：告知孩子會有什麼後果。

Step 4.

句型：「等你的咳嗽好了，我們再來選。」

重點：提供其他可以替換的選項。

孩子不願分享時，別說：「你好小氣！」

可能是東方社會保守的教育與環境所致，我們較不習慣對他人直接表達關心，特別是家人，於是演變出一種溝通方式，就是愈愛愈要說反話，這點在親子溝通過程中隨處可見，明明心裡關心孩子，卻要用斥責或反諷的話語表達。但我們可能沒想到，孩子對語言理解有限，不一定聽得懂大人的反話，所以原本的關心化成話語反而傷了孩子。

親子情境：孩子不想分享玩具

「爸爸，我可不可以玩那個公主娃娃？」我們去朋友家作客，花寶想玩朋友孩子的玩具，卻因不認識而不好意思直接詢問，於是手指著玩具跑來問我。

「玩具不是我的，是小如的，妳要直接問她。」我說。

「小如，妳可不可以借我玩具？」花寶鼓起勇氣，走上前去詢問。

「我不要。」小如頭也不抬，立刻拒絕。

「借給花寶玩一下，人家來我們家耶！」朋友很快地想要說服她女兒。

「那是我的，我就是不要借。」小如很堅持。

「妳不借給人家，以後大家都不想來我們家玩了，怎麼辦？」朋友繼續說。

「我就是不要借。」

「妳真的好小氣喔，都不願意分享。」看來，我朋友出大絕了，期望用冷嘲熱諷的說詞來強迫孩子分享。

換個角度想

孩子會將反話當真

孩子不願意分享，我們說：「你好小氣，都不願意分享。」

孩子考試考不好，我們說：「你怎麼這麼笨，這麼簡單都不會。」

孩子正餐吃不多，沒過多久就喊餓，我們說：「看吧！早就跟你說過了，看你下次還敢不敢吃這麼少。」

爸媽不自覺的想藉由嘲諷與刺激的說話方式，激發孩子正向的行為：罵孩子小氣，用意是希望他能大方；唸孩子笨，用意是希望他能更聰明；兇孩子下次還敢不敢這麼做，用意是希望他下次能做（像前述吃飯的例子）多一點。這些對孩子的冷嘲熱諷，全都是在說「反話」。可惜孩子聽不懂「反話」，他會信以為真，認為爸媽真的覺得「我很小氣」、認定「我很笨」，連吃飯也好有壓力。

如果爸媽希望孩子做出正向的行為，只需要同理他的想法、鼓勵他去嘗試，並稱讚與肯定其內在特質就行了。

這樣說就解決了！

同理、引導、鼓勵三步驟

「沒有關係，如果不想借，可以不用借。」我看小如有點不高興的樣子，趕緊高聲打圓場。

「不好意思，每次有客人來，她就是這樣，任何東西都不分享。」朋友解釋著。

「這很正常，我們也會有不願意借的東西，妳應該也有吧！」

「是有啦！但是她什麼都不願意借給別人，這也太誇張了。」

「每個孩子皆是如此，而且年紀愈小愈不懂分享這件事情。不然，妳讓我試試看，如何？」

「好啊。」朋友答應了。

同理孩子並試著引導

「小如！叔叔問妳，妳很喜歡那個洋娃娃嗎？」我走到小如旁邊坐下來。

「對啊，每個玩具我都很喜歡。」

「我知道。不過，花寶很會把洋娃娃們放在一起，玩扮家家酒的遊戲，非常好笑，我每次跟花寶玩都笑得好開心，妳想看看嗎？」

「想。」小如想了想，點點頭。

「如果想看的話，可能要借洋娃娃給花寶一下，然後你們可以一起玩，說不定會很好玩喔。」

「嗯……」小如思考著。

「放心，當妳不想借了，想拿回來，只要跟叔叔說，我一定會把玩具從花寶的手中還給妳。」

「好。」小如把抱在懷中的公主娃娃慢慢地拿到花寶面前。

「謝謝小如，我們一起來玩吧。」花寶說。

「小如好棒喔，真的是個超級大方的孩子。」我稱讚且鼓勵著小如，然後看著他們一起手牽手去玩辦家家酒了。

鼓勵與稱讚孩子

先對孩子說：「如果不想借，可以不用借。」同理孩子不想借的心情，孩子才不會產生為反對而反對的固執。

然後，找到孩子感興趣的誘因，我丟出了「花寶很會讓洋娃娃們扮家家酒」、「一起玩會很好玩」等有趣的點子，它們就像螢火蟲一般，吸引小如的好奇心，讓她因為好奇而自動借出洋娃娃。

當然，孩子一定有點疑慮、擔心與不捨，我們此時要給予「一定可以拿回來」的承諾，所以我說：「當妳不想借了，我一定會把玩具從花寶的手中還給妳。」讓孩子不安的心得到保證，可以更加放心地借出玩具，因為她知道，這個屬於自己的玩具一定可以回到身邊。

最後，當孩子有了分享的舉動，請務必大聲地稱讚：「你是個大方的孩子。」沒有把分享的行為視為理所當然，而是鼓勵孩子：你真的做得很棒。特別要把「大方」的特質說給孩子聽，讓他聽進耳裡、記在心裡，才能逐漸地內化為孩子人格的一部份。

讓孩子感受到大人的支持

分享不應該是強迫而來，更不能用冷嘲熱諷的話語逼迫孩子進行。分享，是孩子自願做出行為後，與他人一同體會到它帶來的快樂，才會自動地做出下一次的分享。

「我相信你很努力，下次再考好喔，加油！」「你現在肚子餓，代表午餐吃太少。之後該吃的時候就要吃飽，我知道你會記得的。」用鼓勵與稱讚的方式來溝通，才會讓孩子感受到我們相信、肯定與支持他的心，而非落井下石般的冷嘲熱諷。

跟著澤爸一起練習親子溝通

當孩子不願意分享時，我們要說：

Step 1.
句型：「我知道你不想借。」
「不借也沒關係。」
重點：同理孩子的心情。

Step 2.
句型：「試著分享看看，說不定會更好玩喔。」
重點：吸引孩子的興趣。

Step 3.
句型：「當你不想借了，我會幫你拿回來。」
重點：給予孩子保證。

Step 4.
句型：「你真的很棒，是個大方的孩子。」
重點：稱讚孩子的行為。

停止對孩子碎唸：快點吃飯、快點穿衣服

澤澤剛上小學那段時間，我們幾乎每天都擔心他會遲到。早晨應該是充滿著開心與悠閒的氛圍，我們家卻總是在催促、囉唆與碎唸中度過，即便我知道澤澤不喜歡這樣，我對此也覺得很煩，親子關係與心情都為此變得不好。後來我發現，無論孩子遲到或忘記帶東西，最好的處理方法是放手讓他承擔後果。

親子情境：孩子上學快要遲到

「起床囉，已經三十五分了。」七點的鬧鐘已經按停一段時間了，依然沒有看到澤澤的蹤影。果然，他還在賴床。

「快一點，真的要起床了。」我搖晃著澤澤，企圖讓他醒來。

「嗯，好。」澤澤又躺了一段時間後，才緩緩地起身換衣服。

「快點吃！你看看幾點？快要三十五分了。」老婆看到從房間出來的澤澤，立刻提醒他時間。

「好。」澤澤回應著，拉出椅子坐了下來。

「昨天太晚睡覺了，所以早上才爬不起來。」我小小的碎唸一下。

「嗯。」澤澤慢慢地邊吃早餐邊應答。

「繼續吃，快要四十分了。」我只要看到澤澤吃早餐時，有停下來的舉動，就會忍不住出聲。

「我不想吃了。」

「不行，再三口，不然待會上課會餓。」老婆說。

「好吧！」澤澤又慢慢地用湯匙舀起了一口。

「要吃就快一點，你知道現在幾點了嗎？」心急如焚的我，再次催促著。

「我吃完了。」澤澤把碗盤放進洗碗槽裡。

「已經快要五十分了，到底好了沒啊？快點穿外套、背書包。記得拿餐袋，水壺不要忘了。快一點，快要遲到了，到底在幹嘛啊？」為了擔心澤澤上學遲到，我站在門口看著手錶，一句接著一句地叮嚀他。

換個角度想

分清楚是孩子或爸媽的事

孩子自出生之後，嬰兒時期的所有事情，理所當然都是爸媽幫忙完成的。隨著孩子長大，漸漸地發展出生活自理能力，許多事情理應要從幫他忙變成教他做，再放手讓他自己做。自己做的意思是毋須提醒與叮嚀，孩子就能做出對自我負責的行為。

不過，孩子到成人之前，與爸媽之間的依附關係依然很緊密。我們時常會因為擔心與著急，對孩子說出叮嚀、提醒、囉唆與碎唸的話語，像是上學快要遲到了，我們會不斷地說：「快一點，你要遲到了。」吃飯時，孩子吃很慢，我們會一直說：「趕快吃，媽媽還要洗碗耶！」孩子該準備上床睡覺了，但玩具還沒收，我們會狂唸不止：「趕快去收拾，我已經跟你說過很多遍囉。」

我們一定要分清楚，現在所關注的這件事情，是屬於孩子的事，或是爸媽必須介入的事。若單純是屬於孩子的事，爸媽要做的是「有限制的提醒」與「放手讓孩子自己承擔後果」。

這樣說就解決了！

只提醒三次，讓孩子承擔後果

澤澤上學遲到這件事，一開始在我們的碎唸下，每次都剛剛好在打上課鐘前抵達教

室，安全上壘。但是只要一不提醒，澤澤的動作就會變慢，原本是他自己應該在意的事情，都需要我們在後面推一下，他才會動一步，我們一不推，他就在原地站著。這樣子絕對不是自動自發、對自我負責的表現行為。

這時爸媽必須要適度的提醒，讓孩子能聯想到影響與後果。但最重要的是，提醒後，若孩子依然不在乎，我們就該放手讓他來承擔後果。

練習自動注意時間

後來，我們與澤澤的班導師溝通，了解到班上對於遲到的學生有相對應的作法，就是抄課文，而且必須在下課時抄寫，這樣一來，澤澤最在意的下課時間，他就不能跑出去跟同學玩，非得待在教室裡面，直到抄完課文為止。當然，我們也接受這樣的做法。

後來，每天早上我們最多提醒澤澤三次。

「澤澤，七點二十分，要起床啦。」這是對賴床的澤澤做第一次提醒。

「澤澤，吃早餐吧！別忘了有哪些事情要在出門前弄好喔！」第二次提醒，不直接告訴他要做哪些事情，而是用反問的方式，讓他思考上學要帶的物品，而非我們一一告訴他，甚至幫他帶出門。而且即使他忘記帶了，也絕對不會幫忙送去，澤澤必須在學校自己想辦法，這也是承擔的一種方法。

「澤澤，這是最後一次提醒。請你注意時間，爸爸不希望你下課時間又留在班上抄課文。」不直接告訴他幾點幾分，而是用問題讓澤澤自己抬頭看時鐘，如此才有自我警惕的效果，而非被動告知，同時也提醒遲到的後果。如此，不需我們在後面推，孩子就可以往前踏出一步。

後來，澤澤有時會注意時間，有時不會，若因此而遲到的話，就讓他承受留在教室裡抄寫課文的後果。隨著一次又一次的練習，澤澤因為個性使然，時間還很充裕的時候就慢慢來，但是已經會開始注意時間。離出門還剩下五分鐘的時候，他會快速的把一切東西都弄好，站在門口說：「爸爸，我好了，我們走吧。」完全不需我們提醒，當然也就沒有囉唆與碎唸。

後果要與事情有關聯

每個孩子在意的後果不一樣，例如遲到，有的是不喜歡聯絡簿寫不完，有的是不喜歡遲到時被眾人關注。一件事情可以有許多種處置方式，但爸媽設定的**後果最好與該事情有關聯**。

吃飯吃很慢，後果可以是：「你吃太慢了，媽媽不能一直等你，所以你要自己洗碗。」「因為你邊吃邊玩，只能吃到幾點幾分。時間到了，我會把飯菜收起來。肚子餓的話，下一餐再吃多一點。」玩具不願意收，後果可以是：「如果你不收玩具，我會先暫時幫你保管，等你願意收了，我再把玩具還給你。」

只要是讓孩子在意的後果，就是最好的方法。

爸媽必須介入的事

不過，並不是每一個後果都可以讓孩子去承受，當有些事情與健康、安全相關，或影響到他人時，爸媽就必須介入並制止，然後對孩子說明與一起討論正確的方式，像是：

1. 孩子的行為有健康和安全疑慮時，像是看3C產品的時間、吃垃圾食物與從事危險行為等。
2. 孩子的行為危及他人安全時，像是打人、推人與咬人等。
3. 孩子的行為影響到他人時，像是在電梯裡按下全部樓層按鈕、在餐廳大聲喧嘩、在人來人往的室內空間騎腳踏車等。

與澤爸一起練習親子溝通

擔心孩子上學會遲到時，我們要說：

Step 1.

句型：「要起床啦。」

重點：第一次，提醒行為。

Step 2.

句型：「別忘了有哪些事情要在出門前準備好！」

重點：第二次，提醒準備事項。

Step 3.

句型：「這是最後一次提醒，請你要注意時間，爸爸可不希望你下課時間又要留在班上抄課文。」

重點：第三次，提醒時間與告知後果。

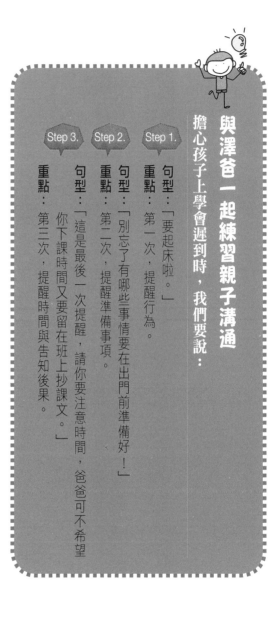

別用否定詞語：不要跑、不可以

當孩子出現不良行為時，很多父母習慣說：「不行」、「不可以」來制止孩子，但效果往往不佳。其實親子間的對話，用正向詞句反而比較有效，所以直接告訴孩子怎麼做才是對的就行了。

親子情境：你也會對孩子說不行嗎？

〈案例1〉

全家人逛百貨公司時，孩子們在走道上奔跑嬉戲。爸媽發現旁人閃躲孩子的神情，於是立刻高聲大喊：「不要跑，在百貨公司不要用跑的。」但孩子正處於興頭上，根本叫不回來。心急的爸媽看到孩子又差一點撞到人，趕緊走上前去抓住孩子罵道：「叫你們不要用跑的，沒聽到是不是啊！」孩子愣在原地聽爸媽叨唸，點頭稱是：「好，我知道了。」只是，才沒過多久，彷彿剛剛的對話完全沒有發生似的，孩子又自顧自的跑了起來，讓爸媽極度抓狂：「說過不要跑，是沒聽懂嗎？再跑就回家，真後悔帶你們出來！」

對孩子下達指令，爸媽習慣用「不要」的否定詞句。

〈案例2〉

媽媽在廚房煮飯，肚子有點餓的孩子不時跑進來，看看等一下有哪些好吃的。媽媽說：「你們先在外面等，媽媽快煮好了。」然後才驚覺到時間有點晚了，於是加快煮飯的動作。此時，孩子拿著一包餅乾詢問：「媽媽，我好餓喔，可以吃餅乾嗎？」慌亂的媽媽立刻大聲說：「不可以，等一下要吃飯了。」孩子再次哀求：「但是我現在好餓，好想吃餅乾喔。」媽媽再次加強音量的說：「不可以就是不可以，還沒吃飯怎麼可以吃餅乾呢?!」孩子生氣了起來：「不管，我就是要吃餅乾。」

對於孩子的要求，爸媽習慣用「不可以」的否定詞句。

〈案例3〉

孩子正在房間寫功課，爸爸看了看手錶，心想：功課未免也寫太久了吧！於是悄悄地走到房門口，不看還好，一看整個火氣都上來了，因為孩子根本沒有在寫功課，而是玩著桌上的玩具。爸爸立刻大吼：「你實在是很不專心耶！寫個功課東摸西摸，難怪寫這麼久。把玩具收起來。」然後氣沖沖的拿著玩具走出房間。沒過多久，爸爸再次前去探查，正好又看到孩子在玩橡皮擦屑屑，於是大發雷霆地罵道：「你怎麼這麼糟糕，一點都不聽話，寫功課這麼不專心，我對你真的很失望。」

看到孩子的行為，爸媽習慣用「帶有批評」的否定詞句。

用正面話語培養孩子正向品格

「不要跑」、「不要吵」、「不要摸」、「不要亂丟」、「不要故意」，生活中，到處充斥著「不要」來阻止孩子的某些行為。但是，用否定詞句給孩子指令，需要經過轉換才會有效，像是爸媽大喊「不要跑」，孩子腦中必須先聯想到「跑這個動作要停止」，再轉換成「所以我要站在原地或用走的」。

若是沒有完成轉換過程的話，孩子只會把「不要」這兩字省略，依然只有聽到「跑」這個字而已，然後持續地做著原本的事情，以至於叫孩子「不要摸」瓷碗，他還會再摸；叫孩子「不要吵」，他還是會持續尖叫。

爸媽要做的，**是給孩子「直接指令」的正向詞句**。

「請用走的，你剛剛差一點撞到人了。」「請好好說，我有聽到你說話。」「要用看的，這些瓷碗很容易破掉。」讓他的耳朵聽進爸媽給的直接指令，無須轉換、不拐彎抹角，使得大腦自然地做出反應，如此，爸媽對孩子說的話，才會顯現效果。不然，只是爸媽認為孩子故意不聽話，默默地生著悶氣，其實孩子根本不知道爸媽在氣什麼呢！

用「可以」代替「不可以」

「不可以買玩具」、「不可以看電視」、「不可以爬這麼高」，當孩子提出要求時，若我們對這件事是有規矩的限制與條件的規範時，很容易給予反對，直接回答「不可以」這三個字。

其實，對開口要求的人而言，聽到「不可以」的否定詞句時，心裡會聯想到「失去」、「無法擁有」、「不可能辦到」等結果。此時，腦中的反抗機制會自動開啟，產生負面情緒來掌控行為，於是我們說什麼，孩子都回答「不要」或「我就是要」，似乎一點討論的空間都沒有。

爸媽要做的，**是說「可以」而非「不可以」**。

在允許的情況下，面對孩子的要求，我們改成回答「可以啊」，然後加上規矩與條件：「可以啊，吃完飯就可以吃餅乾。」「可以啊，生日到了就買玩具給你。」「可以啊，寫完功課就可以看電視。」「可以啊，只要爸爸陪在旁邊保護你的安全，你就可以爬高。」

同樣的意思，但是聽的一方感受會極為不同。當聽到回應是「可以」的正向詞句，孩子心裡會聯想到「擁有」、「得到」、「能夠辦到」，此時他們腦中的反抗機制是關閉的，由正面情緒控制著行為，接著願意把我們後面所說的規矩與條件好好的聽進去，進而與我們討論。

對孩子貼正面標籤

「書包弄得亂七八糟，實在是有夠髒的。」「幹嘛整個人癱坐在沙發上？你真的很懶散。」看到孩子做出我們不認同的行為時，我們很常使用帶有「批評」的情緒化字眼來描述，期待孩子可以做出好的表現，其實這只是在發洩不滿意的情緒罷了。但這些批評卻會成為負面標籤，貼進到孩子內心，轉換為內在特質，成為自我認定的人格，於是孩子會這麼想：「對啊，我做事情就是不專心。」「我整理東西總是搞得亂七八糟，很髒。」「沒錯，我時常都是很懶散的模樣。」

爸媽要做的，**是對孩子說正面肯定句**。

希望孩子好好寫功課，不用罵他不專心，直接說：「請你把玩具放到旁邊，我相信你可以很專心地把功課寫完再玩。」

希望孩子能整理好書包，不用說他髒，直接說：「請你等一下去整理書包，爸爸覺得你可以整理得很乾淨。」

希望孩子不要癱坐在沙發上，不用唸他很懶散，直接說：「請你坐起來，腰桿挺直，這樣才帥嘛！」

稱讚的話語人人愛聽，看到孩子做出我們不認同的行為，還是可以說出滿是好話的正向肯定句，孩子才會感受到我們是真的希望他好，而非都在嫌棄他。讓「專心」、「乾淨」、「帥」的正面標籤，成為孩子自我認定的人格，不是很好嗎？

與澤爸一起練習親子溝通

面對孩子不良的行為與要求，我們要說：

Tip 1.
句型：「請用走的，你剛剛差一點撞到人了。」
重點：給予孩子直接指令。

Tip 2.
句型：「可以啊，吃完飯就可以吃餅乾。」
重點：要說「可以」而非「不可以」。

Tip 3.
句型：「我相信你可以很專心的把功課寫完再玩。」
重點：對孩子說正面肯定句。

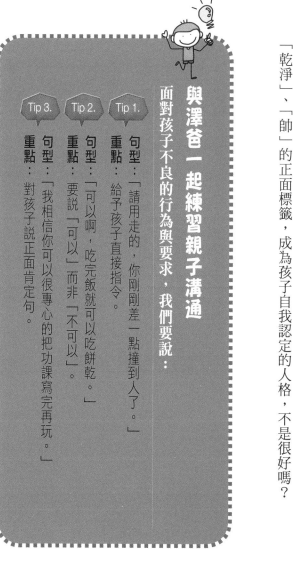

孩子嘗試禁止的事，別罵：「你怎麼這麼不聽話！」

當孩子嘗試了爸媽禁止的事情，而暫無危險或沒有影響到他人時，我們要做的，不是責罵「你怎麼這麼不聽話」與責怪「你真的很糟糕」，而是教導孩子，往後如何在正確的方式下進行這個好奇的舉動，以及在我們的陪同下，讓他承擔嘗試的後果。

親子情境：褲子上的破洞

微雨的午後，我躺在沙發上休息，花寶在一旁用剪刀、膠水做勞作。

一段時間過後，花寶突然貼近我的臉，問道：「爸爸，媽媽的針線盒在哪裡？」

我微微張開了眼：「針線盒在小桌上吧！怎麼了？」

花寶遲疑了一下，結結巴巴地回答：「沒……沒有啊！想要縫東西而已。」

我說：「縫什麼？要小心喔，被針刺到會很痛的，」於是起身幫花寶找針線盒，

「找到了，在這裡。」花寶一個箭步就拿過去。

由於剛剛花寶沒有回答，於是我再次詢問：「妳要縫什麼啊？」

花寶轉了轉眼珠子，又遲疑了一陣子，才指著她身上穿著的褲子說：「我不知道為什麼褲子上有個洞？」

往她手指過去的地方一看，是一個切口很完整的破洞，我當然順口詢問：「怎麼會破？是剛剛做勞作的時候剪到的嗎？」

花寶回答：「不知道。它就破了。」

換個角度想

大人的反應，決定孩子怎麼回答

花寶身上穿的是老婆前幾天剛買的新褲子，吊牌也是今天早上要穿之前才拿掉的。或許她說的是真的，也或許有什麼原因，讓她不願意承認，這些都有可能。即使我們內心有些猜測與假設，都不要看到眼前的行為就預設立場，然後指責孩子說謊或硬逼迫他承認：「一定是妳，不要說謊騙我喔。」「我覺得一定是妳剪的，不承認就打妳喔。」恐懼與害怕的氛圍，只會讓孩子愈來愈不敢承認，畢竟「大人的反應，決定了孩子怎麼回答」。

或許花寶的行為背後有什麼原因，於是我耐住性子，先陪她一同縫補褲子。

讓我陪你一起嘗試

幫花寶穿好針線後，在我安全的保護下，才讓她拿針線縫補，直到把褲子的破洞都補滿為止。

「完成了！哇~妳會用針線耶！」我稱讚著。

「因為媽媽縫衣服的時候，我有在旁邊偷看。」花寶一臉得意的模樣。

「這樣看過一遍，妳就學會囉？好厲害！」我停頓了一下，再繼續說，「其實褲子破了也沒有關係，補起來就好了，妳說對不對？」我微笑地看著花寶，想把話題拉回原本的疑惑，同時降低花寶心中的擔憂，雖然我不知道她在擔憂什麼。

「對！」只見花寶點點頭，沒有多說什麼。

「妳覺得是什麼東西把褲子弄破？」我先進行開放式的詢問。

「不知道。」她低著頭。

「被剪刀剪破的可能性高嗎？」接著使用縮小範圍的非肯定問法。

「有可能。」花寶微微的點頭。

「是被妳手上那把剪刀剪破的嗎？」我想的應該沒錯，於是再度縮小事件範圍。

「對。」花寶抬起頭看了我一眼，她臉上隱隱地憋住笑意，似乎知道我在想什麼了。

「那麼，是妳剛剛剪破的嗎？」我直接問了。

「嗯，是我剪的啦。」花寶帶點不好意思地回答。

「謝謝妳告訴我。不過，若是妳剪的話，承認就好啦！為什麼一開始不說呢？」

「因為媽媽說過不可以剪到衣服跟褲子。」

「那麼妳為什麼會剪到褲子呢？」

「媽媽說不可以，但我想要試試看。」

「妳每次拿剪刀的時候，媽媽都會提醒要小心，不要剪到衣服跟褲子。所以，妳剛剛就試著自己剪，看會發生什麼事？」我整理思緒再跟她確認一次。

「對啊。爸爸，媽媽會罵我嗎？」花寶看起來很擔心的樣子。

「媽媽不會罵妳，因為有想嘗試的心，很棒啊！況且還把破洞補起來了呢。不過……」我用帶點嚴肅的表情對花寶說。

「不過，這還是一個危險的行為，而且褲子的確被弄破了。妳想要自己嘗試，真的很棒。但可以先跟我們說，我們會陪著妳一起找不要用的布或衣服，然後妳就在我們旁邊試。這樣既可以讓妳進行安全的嘗試，又不會破壞東西。」我收起笑容提醒著。

教導孩子如何正確的嘗試

「好奇」與「嘗試」是相當棒的事，更是孩子願意去思考與培養執行力的開端，所以我們毋須為了孩子「不聽話」而勃然大怒，這反倒是引導孩子的絕佳時機呢！

我們可以先用平和的語氣來詢問與引導，畢竟「了解孩子行為背後的原因，比不斷地責罵來得重要許多」。

但是，當我們看到孩子正要做出「不可以」的行為時，像是伸手摸燙的東西（危及孩子安全）、出手打人（影響到他人）等，就必須嚴厲以對，最好可以直接制止，以免孩子受傷。待孩子的情緒穩定之後，再說明這麼做會造成什麼樣的後果，以及爸媽對此行為的感受，讓他理解為什麼不可以這麼做。最後再心平氣和地引導，詢問出他想要嘗試的真正原因。

假使孩子當下很堅持自己的想法，完全聽不進去大人的說明，那麼，我們可以在安全的條件下，以雙方都能接受的方式，讓他試試看，像是「遠離燙」。

澤澤兩歲多時，有一天，我們在煮飯，他很好奇大人在做什麼，於是想靠近瓦斯爐。我們對他說不可以，並解釋為什麼不能靠近，他依然想要靠過來，甚至對我們的禁令感到生氣。於是，我用馬克杯裝了半杯熱開水，讓澤澤試著摸了一下杯緣，理解何謂「燙」。後來他知道了，也真的懂了，就自動地離瓦斯爐遠遠的。

用威脅與恐嚇的說話方式，像是「你只要敢去摸，我就打你喔」，反而會讓充滿好奇心的孩子私下偷偷進行。唯有讓孩子發自內心地了解與明白，爸媽為何會說「不可以」，才是最好的方法。

跟著澤爸一起練習親子溝通

當孩子嘗試了爸媽說過不可以的事，我們要說：

Step 1.

句型：「你想要嘗試，真的很棒。」

重點：鼓勵孩子勇於嘗試的心。

Step 2.

句型：「不過，這還是有可能會傷害到你喔。」

重點：提醒孩子，爸媽的規矩。

Step 3.

句型：「但你可以跟我們說，我們會陪著你進行安全的嘗試。」

重點：告訴孩子，如何在爸媽的規矩之下嘗試。

孩子不願接受時，別說：「這是為了你好。」

每個人從小到大，一定聽過爸媽說：「要你這麼做，是為了你好。」這句表面看來是好意的話，其實背後是「一定要照我說的做」的強烈意涵。當父母以愛之名，強迫孩子做任何事，不管結果再好，孩子都不會感謝父母的這份「好意」。

親子情境：沒有氣的氣球

剛回到家的澤澤看起來滿心歡喜，因為他手上拿了一顆附近新開店家發送的氣球，但是這顆氣球不爭氣地只陪了我們一夜。隔天醒來，澤澤看到了快要垂在地面的氣球，有些失望地說：「怎麼沒氣了?!」我在一旁換衣服，輕聲地回應：「真的耶！」

當我換好衣服走出來，就看到澤澤已經打開氣球口的結，準備放進嘴巴裡，想要自己吹氣。

「等一下，你要幹嘛？」我制止了他的動作。

「我要吹氣球。」澤澤手上捏著氣球口，看著我說。

「為什麼要吹？」

「因為它沒氣啦！」

「那是從外面拿回來的氣球，根本不知道誰摸過，或是用什麼材質做的，搞不好有細菌在上面，而且你跟妹妹最近都咳嗽、流鼻水，你還敢直接放到嘴裡?!」我有些著急了，語氣有些強硬。

「但是我想要把它吹大。」

「你把它放進嘴巴裡，之後如果生病了，怎麼辦？」我問他。

「不知道。」

「什麼不知道，反正就是不能吹這顆氣球。」我下了絕對聽話的指令。

一臉不高興的澤澤，為此趴在床上悶著頭，一聲不吭。我看著他，雖然內心很想對他說「這是為了你好」，但是我也知道，這句話對孩子一點幫助與用處都沒有，只會讓他更加不情願。

換個角度想

好意需要對方心甘情願接受

「要你加件外套出門，是為了你好，聽爸爸的就對了。」

「要你去考公務員，是為了你好，你以後就懂了。」

「要你用功唸書，不要去學畫畫是為了你好，難道我會害你嗎？」

「要你這麼做，是為了你好。」表面上，這句話似乎充滿好意，但背後的意涵其實就是「一定要按照我說的方式去做」的強勢主導，不管套上多麼溫柔的詞彙與話語，強迫的本質絲毫沒有改變。

當孩子感受到的氛圍是「強迫接受」，即使他照著我們的話去做了，內心肯定也是百般不願意，不管結果再好，絲毫都不會有感恩的心情。畢竟，這個「好」需要對方心甘情願，才有存在的意義，否則只會成為責怪父母的埋怨罷了：「都是你們要我去考公務員，所以我才沒有發展。」「都是你要我帶外套，現在熱成這樣，你要負責幫我拿。」「都是你一直逼我唸書，害我現在沒有一技之長。」

這樣說就解決了！

討論出雙贏方法

「兒子啊，爸爸知道你想要吹氣球。」我的心軟化了，緩緩地走到床邊坐了下來，拍拍他的背，用溫柔的語氣說。

「嗯。」澤澤一句不吭，在棉被裡微微點頭。

「但爸爸同時也擔心你的安全與健康，不然你可以想一個方法，只要能解決爸爸的疑慮，你就可以吹，不管是用什麼工具，甚至我們再去拿一顆都可以。」

「啊～我知道了。」停頓了一小段時間後，澤澤突然坐起來大叫。

「怎麼樣？你想到了什麼辦法嗎？」我好奇的詢問。

「可以用吸管。」澤澤一想到，立刻恢復了笑容。

「好方法。走吧，我們去找一找。」

才剛說完，我們父子倆雀躍地奔去廚房，在抽屜裡找到了一根吸管，洗乾淨後，把吸管放進氣球裡，澤澤開始大力地用吸管吹氣，沒一下子，氣球就被吹得鼓了起來。達到目的的澤澤開心極了，我在一旁跟他說：「兒子啊，之後我們的想法有任何不一樣，其實用不著生氣，只要一起討論就好了，像你剛剛就想到了一個好方法呢！」

我們希望孩子按照要求去做，當然有我們的目的，不管是健康與安全疑慮、不可妨礙他人的規定，或是對於孩子未來的擔憂。拒絕孩子的想法，然後要求他聽話，絕對是最快速，也最不需要思考的決定，但這個決定卻會深深地影響到未來的親子關係。

唯有與孩子說明我們的目的，然後一起思考、彼此討論，共同找到「雙贏的方法」，才能達到溝通的意義，並且營造良好且互相信任的親子關係。

跟著澤爸一起練習親子溝通

當孩子不願意接受我們的要求時，我們要說：

Step 1.

句型：「爸爸知道你想要。」

重點：表達理解孩子的行為。

Step 2.

句型：「但是爸爸擔心。」

重點：說出爸媽心中的想法。

Step 3.

句型：「我們可以一起想方法，看怎麼做可以同時達到我們兩個的目的。」

重點：丟出問題，跟孩子一起討論出辦法。

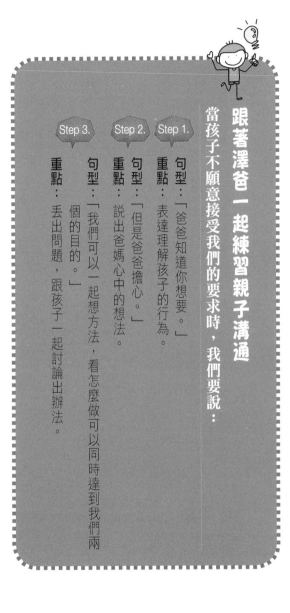

一定要做的事，別再問「好不好」

現在的爸媽重視親子溝通，也尊重孩子的意願，因此很多事情會詢問孩子意見「好不好」，甚至變成常用的口頭禪。但若牽涉到身體健康或是會影響他人的行為等，必須予以規範的事情，就不能問好不好，這樣反而讓孩子有討價還價的空間。遇到必須禁止的事，就用直述句，別再用詢問句了。

親子情境：爸媽追著孩子餵飯

我的朋友們大都有孩子了，每次聚會時，幾乎都直接辦在家裡，採用一家帶一道菜的模式，讓整個餐桌擺滿了美食。也因此在用餐時刻，我發現不少爸媽會端著碗盤、挾著菜，拿給孩子們吃。

「寶貝，你吃一點青菜好不好？」一位朋友問他的孩子。

「我不要。」孩子大力地搖著頭。

「吃一點就好了，你最近吃太少綠色青菜了。」

「我不喜歡吃。」孩子持續抗拒著。

「拜託，吃一口就好了。」朋友使出哀兵政策。

「我不要，就是不要吃。」孩子說完立刻跑走了。

「回來……」朋友追逐他的孩子去了。

待朋友放棄追小孩之後，我問他：「你是否希望他可以把青菜吃下去？」朋友點點頭：「是啊。」「既然這是你覺得他一定要做的事情，為什麼要問他？這不是給予他拒絕的機會嗎？」我看著他反問。「嗯……」朋友不知該如何回答。

換個角度想

詢問反而給孩子拒絕的理由

「餅乾明天再吃可不可以？你剛剛已經吃很多了。」

問了可不可以，但內心是不准孩子現在吃餅乾。

「要不要戴上安全帽呢？」

問了要不要，但內心是覺得一定要戴安全帽。

「你的蛀牙這麼嚴重，想不想去看醫生啊？」

問了想不想，但內心是認定蛀牙太嚴重，一定要去看醫生。

「後面有人在等著盪鞦韆，我們去玩別的好不好？」

問了好不好，但內心是希望孩子可以馬上下來，換其他人來玩。

當聽到「好不好」、「可不可以」、「要不要」、「想不想」的問句，回答當然有同意與拒絕兩種。然而，爸媽卻不想聽到孩子回答「我不要」這類的拒絕答案，一聽到就生氣地對孩子說：「什麼不可以，就是可以！」「為什麼不要？」「已經蛀得這麼嚴重了，還說不想去！」接下來開始一連串的說服，直到孩子百般不願地點頭答應為止。

只可惜孩子聽不懂反話，因此他們腦中肯定有著大大的問號：「不是你問我的嗎？我說出了我的想法，為什麼你要再問一遍、罵我或不斷地說服我呢？」

親子對談中，把希望孩子去做的話語後面加上疑問句，除了口語習慣之外，其實是帶有尊重的意味，因為遵循「孩子跟大人一樣，都是獨立個體」的基本概念，所以詢問孩子的想法，尊重他的意願、同理他的心情並傾聽他的心聲。

然而，有些家長很容易在後果發生後，把責任推到孩子身上：「他便秘，誰叫他都不吃青菜。」「我也不想讓他的蛀牙這麼嚴重，是他不想要看醫生的。」

孩子因為尚未成熟，需要爸媽的教導與引導，太過於尊重就是放縱，太過於自由就是放任。所以對待孩子的教養與態度，要給予有規矩的自由，務必做到「尊重而非放縱、同理而非溺愛、傾聽而非順從」。

踩在規矩之上的行為，不要再問孩子了，給予直述的肯定語句即可。

這樣說就解決了！

給孩子直述的肯定句

「因為你最近青菜吃太少了，等一下要把我給你的青菜吃完。」

「剛剛已經吃過很多餅乾了，明天再吃吧。」

「如果你不戴上安全帽，我們就不會出門去玩。」

「你的蛀牙又在痛了，我們一定要去看醫生。」

「後面有人在等，我們從鞦韆上面下來吧。」

與安全健康相關、是否影響到他人權益等，只要是夫妻倆討論出來且一致的規矩，當孩子碰到了，我們的對談方式要先給予直述的肯定語句，也就是「我們希望你怎麼做」+「原因」。

不過，我們一說出肯定句，孩子不見得就乖乖聽話照做，他還是會說：「為什麼？」或是「我不要」。此時，切勿跟孩子說「沒有為什麼！」或是「我沒有在問你要不要，給我去做！」，而是要與孩子進行下一個最重要的步驟。

如果是有討論空間的，讓孩子知道我們會「給予緩衝，但目標不變」；假使是沒有商量餘地的，那就請「轉移目標，但堅持到底」。

給予緩衝，但目標不變：

「因為你最近青菜吃太少了，等一下要把我給你的青菜吃完喔。」

「我不要吃青菜啦。」

「至少要吃兩大口，沒吃完就不能出去玩。」

「後面有人在等了，我們從鞦韆上面下來吧。」

「我不要，我還要玩。」

「那麼我們再盪十下，如果你還不下來，爸爸一定會抱你下來。」

重點在於讓孩子以看得到的目標來慢慢接受，而非一次就強迫他接受。

轉移目標，但堅持到底：

「剛剛已經吃過很多餅乾了，明天再吃吧。」

「我不要，我現在就想吃。」

「不然你吃海苔好啦，但就是沒有餅乾。」

「你的蛀牙又痛了，我們一定要去看醫生。」

「為什麼？我害怕去看牙醫。」

「只要你看牙醫成功了，我們去吃你愛吃的壽司。」

換個可以接受的事物來替代，或是採用鼓勵的方式來轉移念頭，引導孩子一起堅持地朝著目標前進。

跟著澤爸一起練習親子溝通

要求孩子一定要做的事，我們要說直述的肯定句：

Tip 1.
句型：「等一下要吃完青菜喔。」

Tip 2.
句型：「要騎車出去玩，一定要帶上安全帽。」

Tip 3.
句型：「我們要從鞦韆上面下來囉。」

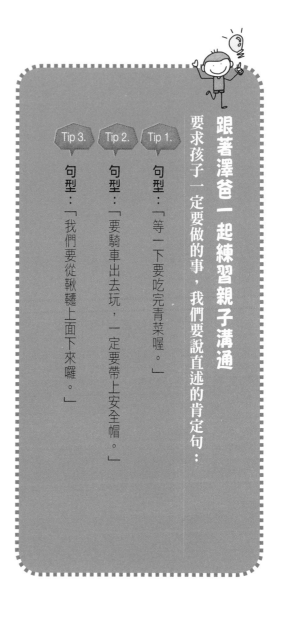

PART 2

打開孩子心門的九個説話術

先同理再教導，比急著建議有效

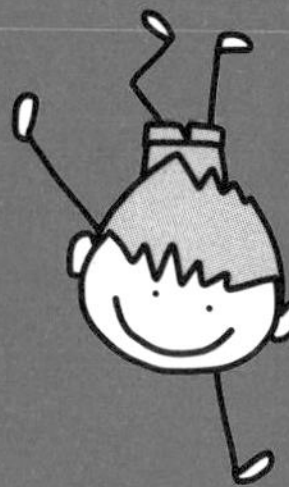

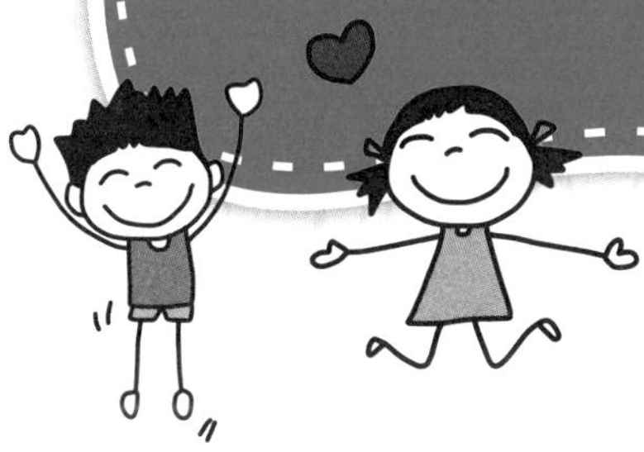

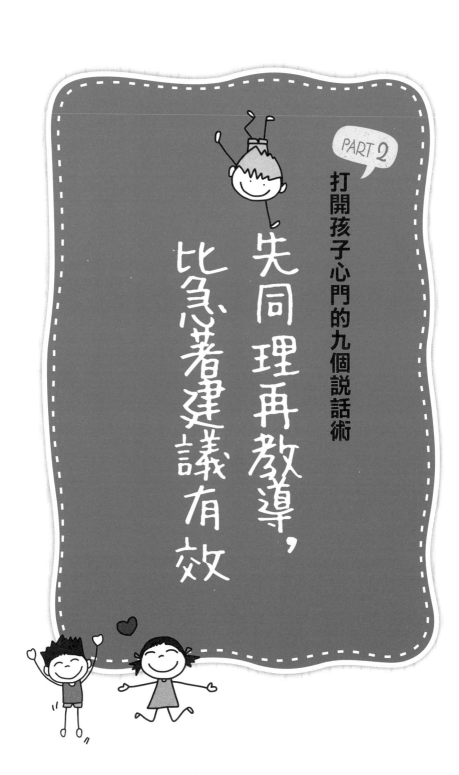

當另一半怎麼做，會讓我感覺到他真懂我呢？

我在說話的時候，他眼睛看著我且專心聆聽，而不是打斷插話。

我在抱怨的時候，他會跟著我一起抱怨，而不是狂給建議。

我有情緒的時候，他能理解我為何會如此，而不是講大道理。

我做了不對的事，他相信我下一次會做到，而不是一直碎唸。

我們是如此，孩子當然也是這麼覺得。要讓孩子感受到我們真懂他，就要讓他感覺到，我們的專心聆聽、一起抱怨、理解情緒與行為，以及肯定與相信。

唯有讓孩子發自內心的體會到「爸媽真懂我」，孩子愈大，親子溝通之門才會保持暢通。

當孩子分享事情時，先聽、認同、再教導

每當孩子在分享事情時，我們聽到、看到、想到孩子做了不聽話的事、說了不好聽的話，都會打斷孩子的分享，然後忍不住唸上兩句、指導一下或批評不斷。這些話語都會讓孩子感覺到「爸媽不喜歡聽我講話」、「爸媽很愛唸我」，等他們年紀愈大，就愈不想跟父母分享。因為孩子會發現到，跟我們講述事情時，完全達不到他們內心所渴望的分享目的。

親子情境：孩子分享學校的事情

〈案例1〉

澤澤一放學，手上提著的直排輪袋子還來不及拿給我，便迫不及待的訴說剛剛發生的事情。

「爸爸，我今天在溜直排輪的時候，扭到膝蓋了。」

「是喔，現在會痛嗎？」我關心的問澤澤。

「還是有一點。」

「事情是怎麼發生的？」

「有位一年級的小朋友突然出現，害我摔倒，我就大聲吼他：你走路不長眼睛啊！」澤澤似乎還是很生氣的樣子。

相信有很多爸媽會立刻說教：「你幹嘛這麼兇？說這麼難聽的話。」

〈案例2〉

有一次，澤澤校外教學後回到家，分享著當天發生的大小事。

「爸爸，你猜，我把你們給我的一百元拿去買什麼？」

「不知道耶。」

「我買了一條軟糖，裡面好像有十顆。」

「你有分給同學吃嗎？」

「沒有，我全部都自己吃光了。糖果好好吃喔。」

相信有很多爸媽會立刻批評：「你為什麼吃這麼多糖果？下次不會再給你錢了。」

〈案例3〉

澤澤到朋友家玩，一回來也是開心地講著發生的所有事。

「他們家好好玩，有好多電玩遊戲。」
「是喔，你們玩了什麼？」我問。
「我們玩了電視的電玩遊戲，還有平板電腦的遊戲。」
「所以，你們幾乎一整天都在玩電玩嗎？」
「對啊，那些遊戲超好玩的。」澤澤非常開心的模樣。
相信有很多爸媽會立刻責備：「你喔，唸書有像玩電玩這麼認真就好了。」「玩這麼多的電動，之後不准你去了。」

換個角度想

大人也不喜歡被批評

現在幾乎每一個人都有社群網站，像是臉書（Facebook）。在社群網站上，我們會分享心情、上傳照片，這些行為都期待得到他人的「讚」，特別是非常在意的人。如果此時有人在心情文字與照片分享下，給予「認同」的留言，例如：「你看起來好年輕。」「你們一家人好幸福，真羨慕。」我們看到了，一定會更加開心。

但是，如果留言是帶著批評與指責的意味，像是在自拍照底下留言「你要節制了，超胖的」、在全家福照底下留言「你跟你爸媽都好醜」，或是在心情分享時寫「今天真鬱悶」，然後有人在底下留言狂講大道理：「你就是太常負面思考了，我們要向前看……」當分享者看到自己的事情得到「批評」、「指責」與「大道理」時，肯定會想移除留言或照片，甚至封鎖該留言者。

上傳心情與照片到社群網站，就跟孩子向我們分享事情一樣，而我們作為爸媽，通常自認為是在教他及為他好的想法，只會給孩子許多「批評」、「指責」與「大道理」，這也是孩子愈大愈不想跟爸媽溝通的原因，因為他的內心話在我們面前給移除了，所以我們都被孩子給封鎖了。

這樣說就解決了！

認同與稱讚孩子的行為

其實，孩子期待的是從爸媽身上「得到認同」與「獲得稱讚」。

孩子跟我們分享事情，可以分成兩個層面來看，第一個層面是「孩子在傾訴內心的情緒」，可能是開心、不開心、難過、緊張、好玩、鬱悶、壓力等，而第二個層面是「所講的事情與內容」。

爸媽通常一聽到事情與內容不合己意，就很容易只看到第二個層面，然後打斷與插話，開始批評、指責與講大道理。所以要讓孩子喜歡跟我們聊天，必須先處理好第一個

層面「傾訴內心的情緒」，給予認同與稱讚的感受。

「他不小心讓你摔倒，你看起來真的很生氣呢！」「哇～吃這麼多，糖果很好吃喔。」「電動真的很好玩，爸爸小時候也很喜歡玩。」只要傾聽孩子，不打斷也不插話，然後**順著孩子所說的事情，簡單重複地敘述，再把孩子的情緒描繪出來，並加上自己對於這件事情的認同感受**。如此，就可以讓孩子充分地感受到「爸媽喜歡聽我說話」、「爸媽真懂我說的意思」。

假使我們對於孩子分享的事情與內容，真的找不到可以認同與稱讚的點，那麼也可以「**稱讚與認同孩子的行為**」。例如：孩子拿了一張三十分的數學考卷回來，我們可以說：「你考這個分數，還願意拿給我們看，爸爸真心佩服你的勇氣，不錯！」任何事情一定可以有稱讚與認同的觀點，就在於我們想不想而已。

當孩子分享完了，請別忘記跟他說：「我好開心喔，謝謝你願意告訴我這些事。」「真高興你與我分享。」「好喜歡跟你聊天。」為今天的親子溝通留下一個完美的句點。

聽完孩子分享之後再教導

孩子因為還在學習是非對錯，所以需要爸媽教導。只是這些針對第二個層面「所講的事情與內容」的教導話語，**等孩子分享完他的話，傾訴完內心的心情之後，我們再教他即可**。

教，永遠不嫌晚。但是當孩子不願意跟我們溝通時，一切都晚了。

「你雖然很生氣，但是可以用更好的話去跟對方講。」

「媽媽擔心你糖果吃太多了會咳嗽，下次吃幾顆就好了，別吃這麼多。」

「我知道你喜歡打電動，不過這次真的打太久了，爸爸有些不太高興，之後請你要懂得節制。」

跟孩子說明我們對於這件事的情緒與感受，然後，事情過了就過了，稍加提醒或是擺起臉孔強調嚴重性即可。最重要的是，告知孩子之後該怎麼做才是比較好的方式，然後，永遠給孩子機會並相信他可以做到。

跟著澤爸一起練習親子溝通

當孩子在分享事情時，我們要說：

Tip 1.

句型：「他不小心讓你摔倒，你看起來真的很生氣呢！」

重點：先傾聽孩子的話。

Tip 2.

句型：「我好開心喔，謝謝你願意告訴我這些事。」

重點：認同與稱讚孩子。

Tip 3.

句型：「雖然很生氣，但是可以用更好的話去跟對方講。」

重點：等孩子說完再教導。

當孩子考不好時，讓他知道成績不等於愛

未來人生的路上，有許多的分數、成績與排名等著我們的孩子，不管是內心自我的期許、長輩們的期待、同學之間的較勁或人生規畫的挑戰。過程中，可能因為考好了而歡喜、因為考爛了而難過，但我們都要陪著孩子度過每一個開心或失落的當下，

親子情境：孩子拿考卷回家

澤澤從小一下學期開始，考試慢慢地變多了，特別是小學三年級之後，考試與分數充斥於他每天的學校生活當中。我與老婆其實不太在意分數，而是看重澤澤對於錯的部份到底理解了多少。即使如此，有時候對於澤澤的粗心以及不在意的態度，依舊會忍不住多說幾句。

「你數學怎麼又沒有寫單位?!」我質問著。

「忘記了。」澤澤笑一笑。

「名字居然沒有寫，就這樣被扣分了，不是很冤嗎?!」

「對啊。」澤澤還是不太在意的模樣。

「你這些失誤都不是第一次，已經好幾次了，這就叫做粗心，比答錯還嚴重。」我的語氣有點加重。

「好，我知道了。」澤澤看我的表情是嚴肅的，也立刻正經了起來。

「知道?!你之前也跟我說知道，那之後還粗心怎麼辦？」

「我不曉得。」澤澤搖搖頭。

「什麼叫不曉得？是你在考試，還是我在考試啊?!」我的語氣又兇了一點。此時，我發現澤澤的淚水在眼眶中打轉。

換個角度想

成績與父母的愛是兩件事

看到澤澤難過的模樣，我突然回想起自己國中與高中那些年，每天窩在學校奮戰讀書，晚上九點才拖著疲累身軀回家的時刻。曾經因為考糟而站在講台前，眾目睽睽之下被打手心；也曾因數學分數創下歷史新低而不敢拿回家。在那個年代，分數、成績與排名就等於評判一個人的全部：成績好＝好學生，將來無可限量；成績差＝壞學生，未來憂心忡忡，這種毫無邏輯的等號。

即使現在的觀念有些改變了，我們也知道不可以把孩子的成績與分數看得太過於嚴重。但每當拿回來的分數攤開在眼前，與同學、朋友跟親戚一比較，只要考糟了、跟他人比差了一截，或是孩子不斷地粗心犯錯，做爸媽的難免會眉頭一皺，甚至破口大罵。

我們會因為孩子沒考好而碎唸、因為孩子又粗心而惱怒、因為孩子排名輸而生氣，但是氣歸氣，內心一定要分清楚的事情是：「成績、分數與排名」都與「我們對孩子的愛」無關。

不要因碎唸而波及到孩子的人格：

「你真的很笨耶！」

「你超不用心的。」

不要因惱怒而牽扯到無關聯的話語：

「講過很多遍還錯一樣的地方！我對你真的很失望。」

「考這麼爛，你不覺得丟臉嗎?!」

不要因生氣而忽略了安慰：

這樣說就解決了！

「輸就輸啦，有什麼好哭的！」然後一旁冷眼看著他哭。

「輸了就表示你不認真，看以後還敢不敢。」

切忌因手足之間的成績高低而有差別對待：

「因為哥哥考得比較好，零用錢給他多一點。」

「妹妹比較會唸書，所有家事她都不用做。」

因為孩子的行為氣整天、唸整個禮拜、怒到看他的一切行為都不爽。

「還打電動，把時間拿去唸英文。」

「看什麼漫畫，你以為你有資格看這些嗎！」

不管考幾分，都是我們最棒的孩子

有次期中考的早晨，因擔心考試而失眠的澤澤，賴床到七點四十分才起床。換好衣服後，他坐在媽媽準備好的早餐前發呆。

「兒子啊，要注意時間喔。」我指著時鐘提醒。

「我吃不下！」澤澤無精打采的說。

「至少把蛋吃掉吧！」老婆擔心著。

「不要，我不吃了。」澤澤搖搖頭。

「吃不下就走吧。」我說。

走往學校的路上，看兒子依然一副沒有活力的模樣，我摟著他的肩問道：

「怎麼啦？聽媽媽說，你在擔心考試啊？」

「我怕會考不好。」澤澤點點頭。

「我們都沒有很在意你考幾分啊？」

「你們不在意，但同學會跟我比，我考不好，他們還會取笑我。」澤澤哀怨地說。

「原來如此。爸爸跟你說，考幾分不是重點，重點是你準備考試的過程中盡力了沒有；考試的時候，懂多少內容；考完之後，有沒有把不會的弄懂。這些才是重點。」

「嗯。」澤澤聽著，一臉似懂非懂的模樣。

「你現在不太懂沒有關係，爸爸要告訴你的是，考試的真正目的是你吸收了多少，而吸收的知識是否可以拿來在生活中運用，像是買東西會不會算錯錢、寫信給別人的時候會不會寫錯字等等，而非只是單純在考卷上的數字。」我停頓了一下，眼睛看著澤澤繼續說。「而且爸爸要讓你知道，不管你考幾分，都是我們最棒的兒子。」

「就算是我考二十分也一樣嗎？」澤澤看著我問。

「當然，你考幾分跟我們愛你根本沒有關係。」

「那麼，爸爸，你以前有考很爛過嗎？」

「當然有，我數學考過四十分，化學考過二十七分。但是，我依然是爺爺、奶奶最棒的兒子，他們並不會因此而少愛我一點。所以我跟媽媽也是一樣的，知道嘛！」

「我知道了。」

「心情有好一點了嗎？」我又緊緊抱了澤澤一下。

「有，所以現在我肚子餓了。」澤澤摸著肚子苦笑。

「怎麼辦？我們已經到學校門口了。」

「沒關係，我中午吃多一點就好了，爸爸掰掰。」

「掰掰。」我看著他往前跑去的背影揮揮手。

成績是一時的，親子關係才是永久的

當孩子成績考糟時，切忌因為分數高低而責備他，讓孩子覺得分數考不好，就會影響我們對他的愛。

不，絕對不是的。

再怎麼恨鐵不成鋼，唸完成績、罵完分數、氣完結果之後，還是可以抱抱他、安慰他，一起討論錯在哪裡：「有不懂的地方嗎？我們一起來看看。」提供肯定與相信的信念：「錯了沒有關係，下一次對就好了。」

最重要的是要跟孩子表達，成績歸成績，而爸媽依然愛他：「媽媽剛剛只是在生氣你的粗心，現在講完了，不生氣了。等一下想一起做什麼事嗎？」然後牽著孩子的手，一起大笑、談心、散步、逛街、聊天，談談成績以外的事情、聊聊與孩子共同喜好的話題、陪孩子放鬆一下。

成績與分數不是人生成功與否的唯一指標，更非拿來衡量孩子的唯一標準，而是有沒有從學習過程中，找到那個獨一無二的自己。所以直接用行動讓孩子感受到「不管你考幾分，都是我們最棒的孩子」是永遠不會改變的真理。

成績、分數與排名都是一時的，但親子關係是一輩子的。

跟著澤爸一起練習親子溝通

當孩子的成績考糟了，我們要說：

Step 1.

句型：「有不懂的地方嗎？我們一起來看看。」

重點：針對事情，不做人身攻擊。

Step 2.

句型：「錯了沒有關係，下一次對就好了。」

重點：未來會比現在錯重要。

Step 3.

句型：「我是在生氣你的粗心。現在講完了，等一下想一起做什麼事嗎？」

「不管你考幾分，都是我們最棒的孩子。」

重點：讓孩子明白成績與父母對他的愛無關。

當孩子不想上學時，同理回應但堅持目標

念幼兒園是孩子踏入團體生活的第一步，通常孩子會因分離焦慮而哭鬧，但只要爸媽願意耐心陪伴，孩子終究會跨過這一關，就像他未來將克服的許多人生難關一樣。

親子情境：孩子不想去學校

「爸爸，我不想要上學。」

剛上幼兒園小班的花寶，第一週上學相當的順利，一到了教室門口就笑臉盈盈地向我們揮手再見。

但從第二週後開始，「我不要上學」的戲碼不斷地在出門前上演。我們要在家裡抱著她半個小時，她才願意出門，甚至從吃完早餐到走進教室裡，整整花上一個半小時的時間。

換個角度想

大人面對陌生環境也會緊張

面對花寶的狀況，我們先釐清她不願意上學的原因。

經過幾天觀察以及與老師溝通，我們發現她一進到教室是很開心的，老師也說她整天都很正常，每次接她放學時，她也會笑笑地訴說著上課的好玩之處。但是晚上睡一覺，隔天起床後，拉扯戲碼再度上演，特別是走進教室這一段。

我們明白她「不想要上學」的行為舉止，是源自十分依賴爸媽、不想離開我們的分離焦慮，以及面對陌生環境的緊張，如同大學生從家裡搬到陌生宿舍的心態；也如同上班族要著裝去公司上班，面對同事、主管那種武裝起來的心境。

面對孩子上學的分離焦慮，千萬不可以作出以下的行為：

用情感來威脅：「你再哭，我就不來接你囉。」

用處罰來恐嚇：「明天去幼稚園再哭，我就打你。」

要求孩子不能哭：「你已經長大了，上學不能哭喔。」

直接交給老師，然後轉頭離開：「沒關係，讓他哭，我先去上班了。」

如此一來，只會讓孩子更加沒有安全感，分離焦慮的緊張感更甚，反而愈來愈不願意離開爸媽去上學，抗拒的情緒與行為更加劇烈。

這樣說就解決了！

從同理到相信的五個溝通步驟

遇到孩子不願意去上學時，我們可以採用五個方法：同理回應、給予安心、目標明確、說到做到，以及相信孩子。

方法一、同理回應

如果孩子對於上學並不排斥，當他說「我不想要上學」時，我們用不著一直想要說服他「上學很好玩」、「在學校有朋友陪你，在家很無聊」，孩子處於情緒的當下，一定會回答：「上學不好玩」、「我只想要陪媽媽」。

我們只要同理他的感受，然後順勢回應說：「好，我知道你不想要上學。」「真的，你看起來是不喜歡呢！」讓孩子知道，爸媽懂你的意思、理解你的感受，對於孩子而言，這就足夠了。

方法二、給予安心

孩子已經因為要離開爸媽，進入陌生的環境而緊張莫名，我們更需要在過程中盡所能的陪伴他，給孩子安心的感覺。

在家裡，我們一直抱著花寶、陪她哭。

出門後，我們走得很慢，不管是走路還是騎車都相當的慢。

到了學校穿堂，我們帶她繞去池塘看魚，還去大樹旁看松鼠。

接著，我們一起玩遊戲，比誰最慢到教室門口。

然後，我們抱著她坐在教室外頭。有時候，還需要請她信任的老師牽著她進去，才能夠跨越教室那道門檻。

如果因為上班因素，沒有辦法陪孩子很久，或許可以提早出門，拉長陪伴的過程，讓孩子深深的感受到，有被爸媽支持與關懷的安心感，才能降低分離焦慮。

方法三、目標明確

我們雖然同理回應、陪她哭泣、拉長時間，但對於「要去上學」、「要進教室」這個目標，絕對不可以動搖：「我知道妳不想上學，但我們還是要出門。」「看得出來妳不喜歡，不過就是要進去。」

不過，堅持孩子上學的過程中，我們可以給予緩衝時間：「再哭五分鐘，然後一定要出門。」「再抱十秒鐘，妳就要換鞋進教室。」

一次又一次的給予緩衝時間，但是要愈來愈短，像是哭完五分鐘後，依然在哭，我們就給予第二次緩衝時間：「爸爸知道妳還在難過，那妳再哭三分鐘喔。」「最後一分鐘了，妳一定要進去。」隨著每一次縮短時間，幫助孩子轉換心情，更有勇氣去面對。

我們也可以用教室裡有趣或好玩的誘因來吸引孩子，開啟他願意逐步地向前邁進的心，像是：「等一下的早餐是你最愛的紅豆麵包！」「今天老師要帶你們做小燈籠。」「晚一點有生日會，可以吃蛋糕。」「我們請你最喜歡的老師來帶你進去。」

方法四：說到做到

花寶終於願意進去教室了，當她站在教室門口與我們相擁時，都會說些叮嚀與囑咐：「媽媽，妳下午要早一點來接我。」「爸爸，你要在外面看我喔。」「等我揮手說再見，你們才可以走。」才依依不捨的進去。

只要我們答應：「好，我會早點來接妳。」「沒問題，我會站在窗外看妳，直到妳跟我們說再見。」我們真的說到做到。直到花寶隔著紗窗微笑揮手說：「爸爸媽媽，你們可以回去了，掰掰。記得下午早點來接我。」我們才會揮手離去。然後，每天提早五分鐘來接她，讓花寶知道，爸媽答應過的，一定說到做到，她完全可以放心。

信守承諾可以給予緊張的孩子穩定與安心的感覺，讓她確定會愈來愈好。如果答應了，卻因臨時情況無法做到時，一定要事先想辦法告知，或找尋替代方案。

方法五、相信孩子

陪伴花寶度過分離焦慮的過程有起有落，她有時很棒，但隔天又哭鬧了。但我與老

婆始終相信花寶一定會愈來愈棒。而花寶也相當的努力，從一開始的一個半小時拉扯，再來進步到三十分鐘，一段時間後，我們在外面抱抱十分鐘，她就可以進教室了。

選擇相對花費更多時間與耐心的方式來走過這一條路，只因為不願意看到花寶被硬抱進教室而大哭的不捨，讓她有著被迫接受的無奈。畢竟，孩子的這段過程只有現在，而能讓她安心並給予安全感的只有我們。

孩子獨立了，爸媽就要放手

有天早上，我陪著花寶上學，走進校門後，原本預期她會緩步下來，結果沒有，她依然邁著正常步伐前進；接近教室後，原本預期她會指著長椅特定位置，要求我坐下來抱她，結果沒有，她直接走往鞋櫃換室內鞋；原本預期她會在教室門口轉身，叮嚀我早點來接她，結果也沒有，她準備直接走進教室了。

「女兒，妳要進去囉?!」我瞪大雙眼在背後呼喊。

「對啊。」花寶轉頭回應。

「今天怎麼這樣棒啊！沒有要在教室外面待一下嗎？」我驚訝的問。

「不用啊！因為今天有很多事情要做。」

「那麼，妳忘記要跟爸爸做什麼事了嗎？」我張開雙臂，準備跟女兒來個熱情擁抱。

沒有想到，花寶微笑著說：「怎麼每天都要抱抱啊！」我心想：「哇塞～這小女子也變太快了吧！之前都是妳要求我抱妳的耶！」但我還是笑著說：「因為爸爸愛妳，想要跟妳抱一下。」抱完之後，花寶進去教室放書包。

剛放好，她抬起頭來，看到站在窗外的我，很快地揮手說：「爸爸掰掰，你可以回去了。」我說好，但依然留在原地，想要再看她一下。花寶跑去找同學、老師說話，突然，她發現我還沒走，立刻跑到窗前說：「爸爸，你怎麼還沒走啊！」我說：「我想要再看妳一下。」花寶回說：「不用啦，你可以走了！掰掰。」

此時的我，雖然有點小小的失落，但我知道，她已經可以自己獨立，而我也應該要放手了，於是立刻轉身遠離教室。

放手，是身為父母必經的過程。孩子成長，從一開始幫他做，到一起做、陪著做、離十公分看著他做、離一公尺、離十公尺，最後躲在柱子後默默地為他加油。我喜歡循序漸進地讓孩子成長，而非強逼孩子接受與我們依賴的這一切。

當孩子做到了，我一定會站在遠方給予最大聲、最熱烈的掌聲，因為這段過程，孩子的努力，我都看在眼裡。只是，或許最後需要調適的，是身為父母的我們，那個從被依賴到不被依賴的轉折。

跟著澤爸一起練習親子溝通

當孩子因為分離焦慮而說：「我不想要上學。」我們要說：

Step 1.

句型：「好，我知道你不想要上學。」
「真的，你看起來是不喜歡呢！」

重點：同理回應。

Step 2.

句型：「我知道你不想上學，但是我們還是要出門喔。」

重點：「要去上學」、「要進教室」這兩個目標絕對不能動搖。

Step 3.

句型：「好，我會早點來接你。」

重點：做出說到做到的承諾。

Step 4.

句型：「你好棒喔，我就知道你可以。」

重點：鼓勵與稱讚孩子。

當孩子壓抑情緒時，告訴他，不想忍就哭吧！

當孩子因為壓力而哭泣時，許多人會要求他們忍耐一下「共體時艱」、「相忍為國」。不過當他們忍不住了，有些情緒性的哭鬧與抱怨，我們用不著說：「你抗壓性怎麼這麼低？」「這點小事有什麼好哭（抱怨）的。」「你真的很愛哭，羞羞臉！」這些話語說得好聽是教導抗壓，實際上，卻是把孩子從我們身邊遠遠地推開，使得孩子愈大愈不想跟我們說內心話。

親子情境：孩子在學校突然大哭

幼稚園開學第一週，從小班升上中班的花寶表現得相當棒，即使換了班級，老師與同學都不同了，她還是自己笑咪咪地走進教室。而我們隔著窗戶看著她放好書包、餐袋後，再對我們揮揮手，傳達的意思是：「爸爸、媽媽，掰掰，你們可以離開了。」

然而，第二週的星期一，她卻在教室裡嚎啕大哭了起來。

一開始，她也是自己走進教室，放好書包與餐袋後，原本應是揮手的笑臉，卻

是一個大大的苦瓜臉。我緩緩靠近窗戶低聲問：「怎麼啦？」這一聲問候，就像開啟花寶的水龍頭開關一般，讓她淚水直流，立刻衝到外面來，把我緊緊摟住，在我耳邊說：「爸爸不要走，我不要爸爸離開。」我把她抱起來，坐在教室外的椅子上，安慰著：「好，我知道。爸爸現在沒有走啊。」

換個角度想

孩子偶爾還是需要大人陪伴

此刻，我想到花寶讀幼兒園的時候也是如此。花寶第一次上學，原本很期待的開心模樣只維持了一週，第二週開始，「我不要上學」變成每天拉鋸的戲碼。我們觀察到，花寶放學時都笑臉盈盈，這表示她在學校是開心的，探究哭鬧的原因，只是當下捨不得與我們分離。今天應該也是相同的心情。

「我要爸爸一直在這邊陪我。」花寶說

「我也想，但爸爸等一下有事。」我無奈的回答。

「我不要，我要爸爸陪我久一點。」

「那我先抱妳五分鐘，再站在教室外面看妳十分鐘？」

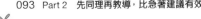

「不要，我要二十分鐘。」花寶搖搖頭。

「好啊，沒有問題，打勾勾。」我伸出小指與花寶承諾。

此時，老師走出來，關心地問道：「花寶，妳還好嗎？」我抱著花寶起身，跟老師說：「她對上學有點緊張。」老師說：「我知道了！」再溫柔地對花寶說：「現在同學在玩遊戲囉，妳要讓爸爸再抱一下呢？還是老師牽妳進教室？」花寶想了一下說：「我要進教室。」我放她下來，她抬起頭跟我說：「爸爸，看我二十分鐘才可以走喔。」我笑著說：「我知道。快進去玩吧！」

這樣說就解決了！

如果無法忍耐，一定要告訴爸媽

到了晚上，我幫花寶洗澡時，問她：「妳早上怎麼哭啦？是因為緊張嗎？」花寶點點頭：「對啊。」我說：「我想也是，不過妳上個禮拜很好耶。」花寶：「其實我一直都很緊張，上禮拜也是，只是我都在忍耐而已。」我聽到這邊有點心疼：「所以今天是忍不住了？」花寶說：「對啊，我忍好久了，今天還是哭了。」我伸出雙手，緊緊的抱著她說：「沒有關係，不想忍了，就哭吧！」

心疼花寶如此矜持的個性，已經想到未來的我，於是用帶點認真的表情說：「爸爸跟妳說，長大後，不管任何事情，當妳忍不住了，一定記得要告訴我。」「好！」我伸

出小指與花寶打了勾勾。

隨著澤澤與花寶年齡漸長，將來面臨的壓力一定愈來愈多，情緒當然也會一直不斷地壓抑與堆積。我更加希望當他們的情緒滿了、不想忍了，願意找我們傾訴，然後陪著一同大哭、宣洩或抱怨。這不是懦弱與膽怯的表現，而是孩子想要感受到：爸媽跟我站在同一陣線、爸媽可以體會我忍不住的心情、爸媽願意跟我一起面對與應戰。唯有如此，內心的隱忍才會轉化為繼續挑戰的勇氣，讓孩子得以邁步向前，迎向未知的未來。

跟著澤爸一起練習親子溝通

當孩子壓抑的情緒潰堤而流淚時，我們要說：

Tip.

句型：「沒有關係，不想忍了，就哭吧！」

當孩子上學前拖拖拉拉，單純回應不碎唸

行為通常是內心所呈現出來的表象，看到孩子動作太慢，催促孩子快、快、快，大罵孩子到底想怎麼樣，這些說話方式都是在處理表象，也就是說，處理行為是治標，唯有瞭解行為背後的原因，才是治標又治本的方法。

親子情境：孩子知道要上學卻不準備

花寶適應幼兒園的生活後，每天都很開心地去上學，只不過有時在上學前，會做出自相矛盾的行為。

「花寶，要上學囉。」

「好。」花寶正趴在地上畫畫。

「趕快去刷牙，然後找媽媽綁頭髮。」

「好。」雖然她答應了，卻沒有起身。

「等妳要走了，再來找我們。」幼稚園的上學時間沒有硬性規定，等她準備好再出

門也可以。

「爸爸，我會遲到嗎？」過了五分鐘後，花寶問我這個問題，但依然趴著畫畫。

「現在還不會遲到。如果妳擔心遲到的話，要不要先來刷牙啊？」

「嗯，我不想要上學遲到。」說完這句話後，她還是不動，絲毫沒有要過來找我的跡象。

換個角度想

孩子只是想跟爸媽在一起

所謂自相矛盾的行為，就是上學前東摸西摸、拖拖拉拉，但同時又不斷地詢問：「我會遲到嗎？」以及一直說：「我不想要上學遲到。」卻依然做著跟出門無關的事情。

當手拿衣服或牙刷，等孩子過來做完後，馬上就可以出門了，但孩子卻像化石一般，動也不動，甚至做的還是與出門無關的事，我們肯定會大聲怒吼：「你不是不要遲到嗎?!還不快點過來！」「你真的很矛盾。」「你再繼續畫啊，絕對會遲到啦。」

嘴上說「不想遲到」，卻又做著相反的事情，這反映出孩子心中「想待在家裡跟爸媽在一起，但又知道一定要去上學」的天人交戰！如同我們有時不想上班，但又知道非得去上班不可，硬是拖到最後一秒才出門是一樣的心情。

其實大人也有一樣的念頭，只是孩子比較誠實罷了。了解原因之後，只要給予孩子陪伴的安心感，再一步步的帶領孩子往學校即可。

這樣說就解決了！

拉長準備時間，吸引孩子出門

由於花寶已經發生過幾次這樣的情形了，所以我提早對她發出「要上學」的出發訊息。假設原本是八點二十分要出門，就提早到八點鐘先告知她。

拉長準備時間有幾個好處：

1. 時間較為充裕

如果時間很趕，甚至會影響上班時間而遲到，爸媽的心情一定相當著急，然後也較沒有耐心，接著對孩子吼叫與不耐煩的機率也愈高。給自己與孩子充裕一點的時間，爸媽在處理時，就愈能用平常心與耐性去引導孩子。

2. 給予緩衝讓孩子願意面對

年幼的孩子尚未能區分什麼事情是重要與不重要，本能地追隨心中的情緒，不想做就是不想做，爸媽再怎麼逼他，只是造成親子衝突罷了。拉長準備的時間，並在中間不斷地倒數：「再十分鐘就要走囉。」「還有五分鐘。」「最後兩分鐘，一定要出門喔。」隨著一次又一次的縮短時間，幫助孩子慢慢地轉換調整，讓他們發自內心願意面對。

讓孩子知道爸媽有聽到他的話

「再過兩分鐘，我們一定要背書包走囉。」我最後提醒花寶。

「好，我來了。」她匆匆忙忙地收好畫畫的東西，跑到我跟前。

「沒有問題，快點過來吧。」

「爸爸，我會遲到嗎？」花寶擔心地問我。

「現在還不會。」

「我不想要遲到。」

「好，我知道。」我回應。

「我真的不要遲到。」

「好，我真的知道。」順著她的話再次回應。

「爸爸，幾點了？我會遲到嗎？」沒多久，花寶又問一次。

「不會。準備好了，快走吧。」

孩子已經準備要出門了，或許還是有點拖拉，我們用不著碎唸不已：「不想遲到就快一點。」「還不都是因為妳東摸西摸的。」「遲到了還不是怪你自己。」

我們只要順著孩子的話去回應即可：「好，我知道妳不想遲到。」「是的，不會遲到。」直接用對話告訴孩子「我聽到妳說的話」、「我明白妳不想遲到的心情」。

當孩子知道爸媽有聽到與感受到時，緊張與擔心的情緒較容易緩和下來，然後就可以勇敢的往門外走去。

用目標吸引孩子出門

若是孩子在拉長時間的緩衝之下，依然糾結不已，或許我們可以想一想，在學校有什麼事情是孩子有興趣、會吸引他的。「你們今天不是要包水餃？」「聽說早上有耶誕活動。」「早點是你最愛的饅頭。」孩子大喊一聲：「對耶！」我們趕緊接著說：「那我們趕快出門吧！」

想待在家又知道一定要上學的孩子，思維會深陷在天人交戰的流沙中而跳脫不出。我們提出目標來吸引孩子，目的是引導他，把他拉出漩渦，找到往學校走去的動力。孩子有了上學目標，相信絕對衝得比我們還快，換成他準備好一切，站在門口對我們說：「爸爸，快一點。」

跟著澤爸一起練習親子溝通

當孩子上學前拖拖拉拉，但又一直說：「我不想要遲到。」我們要說：

Step 1.

句型：「再十分鐘就要出門囉。」

重點：拉長準備時間。

Step 2.

句型：「好，我知道你不想遲到。」

重點：單純回應。

Step 3.

句型：「等一下是你最愛吃的早餐。」

重點：用目標吸引孩子。

當孩子羨慕他人時，引導孩子珍惜現有的

當孩子拿著剛買沒多久的玩具，眼睛卻一直盯著別人手上的新玩具而羨慕不已時，我們或許會大罵他們不知足：「你喔，不要人在福中不知福。」或是說氣話：「這麼羨慕別人，不然你去做人家的孩子！」

渴望得到更好的東西、羨慕他人是人的天性，更是一種正常反應，如同我們羨慕網路上總是打扮漂亮、輕鬆帶孩子的媽咪，也羨慕收入豐厚、吃好用好的高階主管。

不過，我們依然要仔細觀察、處理並引導孩子，避免對於他人的羨慕轉變成嫉妒的心理。因為嫉妒容易產生帶有恨意的負面行為，像是網路攻擊、私底下的小動作，甚至轉過頭來埋怨父母。

親子情境：孩子羨慕同學可以出國

「我的同學好好喔！」某一天，澤澤突然說了這句話。

「怎麼說呢？」我問。

「他今年暑假要去日本。」

「聽起來很不錯。」

「我們暑假的時候會坐飛機出國嗎？」澤澤問我。

「今年沒有計劃耶。」

「是喔。」他一臉沮喪的模樣。

「我們還是可以安排到哪裡去玩。」

「但是我也好想出國。」

「出國真的很棒。不過這個暑假，我們不是已經計劃要開車到處看看嘛！」

「我知道，但還是覺得他們好好喔，都可以出國，我都沒有。」澤澤再次表達羨慕他人的心情。

換個角度想

不要無止境的滿足孩子

孩子的年紀尚幼，羨慕他人所擁有的東西時，爸媽認為金額不大，尚可負擔，就盡可能的滿足他。如此做的話，只會不斷地養大孩子心中永遠不滿足的胃口。小時候是幾百元的小車子，長大後就是上萬元的科技產品，甚至數十萬元的車子。

羨慕他人的慾望是無窮無盡的，假使不想讓孩子長大後，盲目地追求他人而迷失自我，唯有趁孩子還小的時候，學會拒絕他們。

這樣說就解決了！

引導孩子想到自己的好

假設孩子只是單純在抱怨，抱怨的當下不太會吵鬧，抱怨後心情也沒有受到影響，這時，我們只要同理他羨慕的心情就可以了。

「為什麼他們都可以出國？我也想去。」

「真的，我也超想出國搭飛機的。」

「他的玩具看起來真棒，好好喔。」

「對啊，看起來真的很不錯！」

「我同學一回家就狂打電動，都不會被爸媽管。」

「是喔，能夠一直打電動真的挺不賴的！」

每個人都會有羨慕他人的時候，假若孩子內心其實相當理智，明白可以擁有什麼、不能夠擁有什麼，只是看到他人手上的東西時，難免會發出小小的羨慕聲，我們就同理他的心，聽他抱怨抒發並做出順應的回答就好。

倘若孩子抱怨後，依然不斷地要求：「爸爸，我真的好想要喔。」無理生氣：「我不管，我就是要。」大聲哭鬧：「為什麼其他人都有，就我沒有。」此時我們可以引導孩子珍惜現在所擁有的。

「我同學都可以出國，我都沒有。」澤澤依然心情沮喪。

「爸爸知道你看到別人出國，所以也想要搭飛機。不過，我們三年前不是曾經去過美國嗎?!」

「對啊，但是已經三年沒有出國了！」

「爸爸問你，你同學是去哪裡玩啊？」

「有一個去北海道，一個去琉球。」

「哇~都是很棒的地方耶。你還記得之前去美國的時候，做過哪些好玩的事情嗎？」

「當然記得，我們參加了阿姨的婚禮、去迪士尼樂園玩。」

「沒錯，我也都記得。我們居然有機會可以見識到國外的婚禮，在迪士尼樂園看到超棒的遊行與表演。你覺得你的同學去北海道跟琉球時，也會經歷一樣好玩的事情嗎？」

「應該不會。」澤澤想了一想後，搖搖頭。

「每一個人所擁有的都很獨特，同學有的，或許你會羨慕，但你經歷的，也許是他人所沒有的。當你看著別人手上的東西時，請別忘記，你自己也緊握著美好事物呢！」

「想到我在美國玩過，好像就沒有那麼羨慕了。」澤澤笑了。

「而且，爸爸還想要告訴你，你跟妹妹所能擁有的，就是爸爸、媽媽能給予你們的全部了。因為我們愛你，所以願意這麼做。既然如此，我們當然可以羨慕別人，但更重要的是，要喜歡與珍惜我們所擁有的。」

我們可以引導孩子想到家中有哪些類似的東西（例如：玩具），或是回想起自己經歷過的事情（例如：去過哪裡玩），然後試著講出自己所擁有的事物的獨特優點，喚起腦中專屬於自己的回憶連結，才會讓孩子想到自己的好，而非一直羨慕自身所沒有的。

最後，告訴孩子：你所擁有的，是我們的全部，是爸媽對你無條件的愛。當爸媽對他們的愛，超越他們對物質的羨慕，才能夠真正填滿一個孩子的心。

把羨慕化為進步的動力

若孩子所羨慕的，不是單純物質或金錢上的追求，而是可以經由努力與練習來達成的自我內化，像是成績、運動等，那麼，此時的羨慕或許不是壞事，更能成為一種自我激勵的動力。

「某某某這次考試的成績很好，真棒。」

「他能考這麼高分真的很厲害，一定有很認真的唸書。爸爸相信你只要再努力一下，一定也可以的。」

「他現在真的很會踢足球，真想跟他一樣。」

「他一開始也是不太會踢，經過練習才踢得這麼好的。若你也想要跟他一樣，爸爸可以陪你練習。」

先幫助孩子釐清羨慕的原因，了解自己還不足的部份，並給予孩子支持、相信與陪伴的鼓勵，讓孩子將羨慕轉換成進步的動力，可以變得愈來愈棒。

跟著澤爸一起練習親子溝通

當孩子羨慕他人說：「他都可以有，我都沒有。」我們要說：

Step 1.

句型：「對啊，看起來真的很棒耶！」

重點：做出同理的順應回答。

Step 2.

句型：「家裡不是也有類似的嗎？我記得你剛拿到時，也是非常喜歡。」

重點：喚起當時所擁有的回憶。

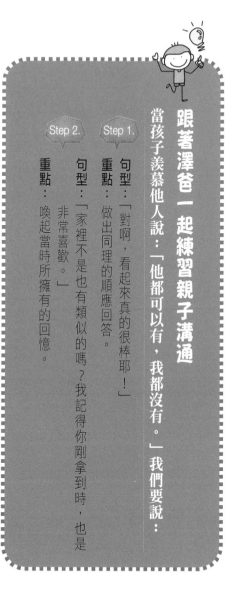

當孩子未達到目標，稱讚他的努力與進步

當孩子表現失常，未達到預期水準與目標時，爸媽不用一直針對缺失做評判，也不用一直說不切實際的鼓勵：「你表現得實在是太完美了。」「你應該得到第一名。」因為他也知道沒有表現得這麼好。我們只要稱讚孩子的努力與進步就好。

親子情境：孩子的努力成果被他人批評

「叔公、叔婆，這是我鋼琴表演的影片。」

在一次家庭聚會中，澤澤興高采烈的把他前幾天的鋼琴演出影片拿給大家看。為了這一次正式演出——在舞台上彈奏一首五分鐘的歌曲，澤澤相當努力的練習了足足三個月。一週一次的鋼琴課、每天十至三十分鐘的練習，他有想過放棄，也嘗試過逃避，但我們陪著他一起堅持度過，直到他站到台上彈完為止。

當天看著澤澤在後台不斷搓手，等候下一個輪到自己時，就知道他緊張不已，所以在彈奏過程中，難免因為緊張而打了折扣。不過，澤澤已經相當滿意了，所以迫不及待的想要給大家看他的表演影片。

「你彈得不錯，但是這一段怎麼彈得亂七八糟的啊？」叔公聽到澤澤失常的部分，立刻想要給予指導。

「因為我有點緊張。」原本滿心歡喜的澤澤不知道該怎麼回答。

「這有什麼好緊張的，一定是練習不夠才會這樣。」

「這是他第一次上台，難免會這樣。他有很努力的練習了。」我趕緊在旁打圓場。

「能彈成這樣還可以，不過，再練熟一點會更好！」指導完的叔公起身離開了。

「爸爸，叔公的鋼琴很厲害嗎？」澤澤一臉不太高興地問我。

「不太清楚，不過爸爸沒有聽過他彈琴就是了。」

「那麼叔公為什麼要一直說我彈得不好？」

「叔公沒有說你不好，而是希望你可以再進步。」

換個角度想

激勵的話語反而帶來挫折

我們看到孩子的表現，時常會不自覺地把做對與做好的事情視為理所當然，然後，

挑出不佳的地方大肆建議與批評，不斷地說出彷彿是對孩子好，卻帶有恨鐵不成鋼、期望立刻達到目標的話語：「你還可以更好。」「你怎麼就是學不會。」「說過多少遍了，這麼簡單的題目，你怎麼還會錯呢！」

特別是孩子已經努力了一段時間，我們自然會把標準拉高，希望他可以表現得完美無缺、得到高分、獲得優勝。但是很少有孩子這麼厲害，每次都能夠達到預期目標，多半會有表現失常的時候。

其實孩子知道他們的缺失，當我們說了自以為激勵的話語，在他們聽起來，卻是滿滿的挫折與指責罷了。

「你還可以更好。」他聽到的意思是：「你現在不夠好。」

「你怎麼就是學不會。」他聽到的意思是：「你很笨。」

「說過多少遍了，你怎麼還會錯呢？」他聽到的意思是：「你實在很糟糕。」

把缺點無限放大，優點略過不提的後果，就是讓孩子缺乏自信，甚至心中開始產生「我是否真的那麼不好？」的自我懷疑。

我知道你已經很努力了

「你不喜歡叔公這樣說你，是不是？」我問澤澤。

「對啊，我明明也有彈得很好的地方。」澤澤說。

「我知道，爸爸有在現場聽，你彈得真的很棒。而且你先前的努力練習，爸爸都有看在眼裡。」

「嗯。」澤澤點點頭，似乎想到了那段辛苦的練習時光。

「所以別管別人怎麼說，我相信你很努力，不管結果如何，我們接受就可以了。」

孩子努力唸書，即使考得不理想，我們要對他說：「我知道你很努力了。」

孩子用心準備比賽，即使不如己願，我們要對他說：「你有比上次進步了。」

「你已經很努力了。」「你真的做得很棒。」「我看到了你進步的地方。」為孩子貼上內在特質的正面標籤，讓他知道，即使表現不如預期，爸媽依然很欣賞他為這件事情所做的努力，也看到了他因努力所展現出的進步。唯有稱讚孩子的努力，他下一次才會更加勤奮練習；稱讚孩子的進步，他下一次才會更加突飛猛進。

發現孩子的缺失，希望他可以進步當然是好意，但用不著在當下指責，只要在往後的每一次比賽或呈現的練習中，陪著孩子慢慢改進與修正即可。相信他一定可以愈來愈棒，漸漸地朝目標邁進。

跟著澤爸一起練習親子溝通

當孩子努力了，卻未達到預期的目標時，我們要說：

句型：「我知道你很努力了。」

「你有比上次進步喔。」

Tip

重點：稱讚孩子付出的過程，為其行為貼上正面標籤。

當孩子玩到不想走時，提早提醒給予緩衝

當孩子在某些地方玩到不想離開，大人通常會感到不高興，探究原因，其實是覺得自己的時間被孩子給綁住了。因為陪孩子而犧牲時間，內心產生「我已經陪你這麼久了，你還不要走」的想法，以及沒有辦法做自己事情的不滿。遇到這種情況，我們當下只要提早提醒多久要離開、同理孩子還想玩的心，然後找出吸引孩子離開的事情就行。

親子情境：孩子還想在公園玩

花寶在幼兒園放學後，時常詢問我們是否可以帶她到公園玩。通常我們只要有空都會答應她，況且她的同學也會一起過去，大家經常玩到開心得不想回家。

「花寶，我們要回去囉。」我看看時間，差不多要走了。

「我還想在公園玩。」

「我們已經玩很久了，真的要走了。」

「再玩一下下就好。」花寶詢問著。

「不然，我們明天再來玩？」
「我不要，我還要玩。」

換個角度想

大人也會玩到忘記時間

孩子玩過頭而不想離開的畫面隨處可見：在親子餐廳，大家用餐後就該走了，但孩子想要繼續玩設施，不願意離開；在玩具量販店，爸媽不斷地催促，但孩子想要繼續看玩具，不願意離開；在親戚朋友家，儘管時間有些晚了，但孩子想要繼續跟同伴玩，不願意離開。

此時，假使我們累了、時間很趕或心情不佳，很容易說出命令的話語：「不行，就是要走」、「現在立刻回家」；批評的話語：「你怎麼這麼拗啊！」、「你真的是很不聽話」；以及威脅恐嚇的話語：「不走的話，回家你就遭殃了」、「我下次再也不帶你來了」、「你不要讓我生氣喔」。

其實，我們也會跟朋友聊到忘我、看小說與漫畫熱衷到忘記時間、玩電動玩到耽誤下一件事情。當一個人沈浸在開心又喜歡的氛圍時，只會嫌時間不夠多，怎麼可能因為一句「我們要走囉」而乖乖聽話呢?!當然會大喊「我不要走」。大人如此，孩子自然也是一樣。

這樣說就解決了！

再玩五分鐘，我們就要走了喔

若是孩子玩到不願意離開的狀況時常發生，當我們帶孩子到類似公園的場所玩時，其實應該心裡有底，避免發生「要走」與「不要走」的拉扯。最好的方法是準備離開之前，提早提醒孩子，幫助他們轉換心情。

「再玩五分鐘，我們就要走了喔。」

「再盪二十次鞦韆，我們就要離開了。」

不管是時間或次數，只要在預計的時間前，提早告知孩子，就可以達到緩衝的效果，減緩對峙的狀況與情緒。

同理孩子還想玩的心

「我想再玩一下」、「我還是不想離開」，緩衝的時間到了，孩子還想要繼續玩，又喊著不願意離開，著急的我們很容易在此時大發雷霆。

「好，爸爸知道你不想離開。」「是喔，你還不想走喔。」我們不用生氣，只要先同理孩子還想要玩的心，讓他明白我們懂他即可。唯有讓孩子感覺「我是懂你的」，才可以緩和孩子的情緒，避免衝突發生。

接著，若時間允許的話，我們可以再給予孩子更短的緩衝時間，不過一定要把條件說清楚。

「最多再兩分鐘，時間到了，我們一定要走。」

「可以再去玩三次溜滑梯，玩完了，請務必來找我揹書包離開。」

用孩子感興趣的事吸引他

若是時間不夠，當下非得離開的話，我們可以想一想，原本預定的行程中，有什麼事情或東西可以吸引孩子，驅使他雙腳離開公園。

「還想要玩喔？但是你喜歡的電視節目快要播出了，爸爸擔心你再繼續玩，會來不及回家看耶！」

「你不是想吃布丁嗎？我們現在去買，晚一點有可能會買不到喔。」

當這件事情挑起了孩子的注意力，反而會讓他動作更迅速，甚至變成他在催促我們「媽媽，快一點」、「爸爸，你好慢喔」。

跟著澤爸一起練習親子溝通

當孩子玩到不願意離開，一直說：「我不要走，我還想要玩。」我們要說：

Step 1.

句型：「我知道你還想要玩，再玩五分鐘，就要走囉。」

重點：給予緩衝時間。

Step 2.

句型：「我們去買布丁吧！」

重點：吸引孩子自願離開。

當孩子賭氣回應時，把是非題變選擇題

有時候，孩子因為累或不舒服，可能會賭氣回應，無論問他什麼都回答不要，這時如果用是非題的方式詢問孩子的意見「要不要」，孩子一定回答不要，若是改成給予孩子選擇題，選項限制在我們希望他做的範圍內，反而更容易緩解這個僵局。

親子情境：孩子鬧脾氣而不想走

有天下午，我帶著花寶去逛市集，或許因為是特別活動的最後一天，人潮爆多，幾乎寸步難行，我擔心個頭較小的花寶在人群中有危險，所以一路把她抱得高高的。不過，她的情緒似乎被人擠人的壓迫感給弄得有些毛躁，一直微微皺眉嚷嚷著：「我不要走了啦。」「我要回家。」「現在就要離開。」其實別說孩子了，我跟老婆也有這個想法，於是走了一小段路後，我們決定離開。

走過市集後方的大草坪，看到前方有個大廣場，我說：「那邊好像也可以逛，我們過去看看。」此時，花寶立刻生氣了起來：「我不要去，我要回家。」應該是剛才不舒服情緒的延續。我緩和地說：「那邊的人沒有像剛剛那麼多，不然，我們先去看一下再決定。」「不要，我就是不要去。」「好，我知道妳不要去，但是搞不好那邊也有好玩的東西。」「那邊不會有好玩的。」花寶只要情緒一上來，耳朵是關起來的，只會用賭氣的回應方式，凡事先拒絕再說。「好，我知道。反正我們也是要往那個方向走，順道繞過去就好。」

換個角度想

不要跟孩子硬碰硬

孩子已經有情緒了，此時若我們用恐嚇「再說一次不要試試看」或指責「你真的是很不能溝通耶！」的語氣，其實一點幫助都沒有，因為一個人在情緒爆發的當下，是聽不進任何道理的。於是，我們恐嚇孩子，反而讓他大哭；指責孩子，反而讓他情緒更激動。既然如此，只要順著他的話語，給予正面的肯定句就好：「好，我知道你不想要。」「是，爸爸明白你的意思。」

沒有「答應」與「否定」的天秤兩端，只有「我知道」、「我明白」的同理感受。如此一來，可以讓故意一直說不要的孩子較能平復內心的情緒。

切忌跟孩子硬碰硬，先繞點彎路、想點方法，促使他一同往前即可。

面對有情緒的孩子，給予正面的肯定句，絕對是最好的說話方式。

這樣說就解決了！

給孩子結果相同的選擇題

「看起來沒有很多人耶！要進去嗎？」我走到廣場後，轉頭詢問。

「好啊。」老婆跟澤澤進去了。

「我不要進去。」花寶站在階梯口繼續賭氣。

「好，那爸爸在這邊陪妳。」我準備在旁邊坐下來。

「我不要爸爸陪。」小姑娘繼續在賭氣。

「不然，妳要先進去？還是爸爸先進去呢？」我靈機一動，想到選擇題型的方法。

「嗯……我要先進去。」

「好啊，那我在後面追妳。」不等花寶回話，我立刻起身裝出要追著抓她的模樣。

「哈哈哈哈，不要追我啦！」花寶被我一逗，也立刻往廣場內跑去。

「爸爸抓到妳啦，這邊有試吃耶！妳要不要吃？」我抓到她後，一手把她抱起，試著用試吃來轉移她的注意力。

「要不要進去？」「我不要進去！」「要不要坐在這邊？」「我也不要坐在這邊。」當我們用是非題來詢問孩子時，等於給了他否定我們提議的賭氣機會。

所以我們要把「是非題變選擇題」，從源頭就杜絕掉孩子產生賭氣回應的可能性，並把希望孩子去做的事情埋在兩個選項之中，像是「妳要先進去？還是爸爸先進去？」兩個選擇她都是要進去的，只是讓她選先與後而已。

當孩子順著我們的選擇題型而上鉤之後，趕緊使出轉移注意力的方法，讓孩子的思維獲得轉移，如此一來，既選擇了我們要的結果，又讓孩子從深陷泥淖的情緒當中脫離出來，相信笑咪咪的孩子很快就回來了。

意料之外的美好事物

後來我們進去繞了一圈，途中買了水果，一起喝了一杯甘蔗汁，還吃了幾片餅乾，最後一起手牽手回家去。

「花寶啊，剛剛的甘蔗汁好喝嗎？」我問她。

「好喝。」花寶此刻的心情很好。

「餅乾好吃嗎？」

「好吃。」

「爸爸問妳，假使妳一開始不願意進來，吃得到餅乾？喝得到甘蔗汁嗎？」

「不行。」花寶搖搖頭。

「那麼，妳有開心後來決定進去逛市集嗎？」

「有啊。」

「所以，下一次，即使妳內心再生氣，即使我們要去做的與妳想要的不一樣，也都可以試著聽聽看、接受看看。或許與妳心中所想的不一樣，但也可能會有開心又美好的事物發生。」

「好~就像是甘蔗汁跟餅乾。」花寶一邊吃著餅乾一邊笑咪咪的說。

「對啊。」我摸了摸她的頭

待孩子的情緒穩定之後，一定要記得教導他下一次該怎麼做，讓孩子明瞭，即使再生氣也可以稍微把耳朵打開，試試看接受外面的訊息，而不是一直故意說不要。然後只要他一次比一次進步一點點就可以了。

跟著澤爸一起練習親子溝通

當孩子有情緒，一直在做賭氣的回應時，我們要說：

Step 1.

句型：「好，我知道你不要。」
「是，爸爸明白你的意思。」

重點：以正面肯定句來回應孩子。

Step 2.

句型：「那你要A？還是要B？」

重點：把是非題變成選擇題。

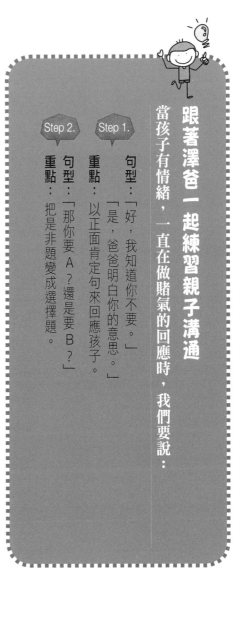

PART 3

建立聊不停關係的六大溝通態度

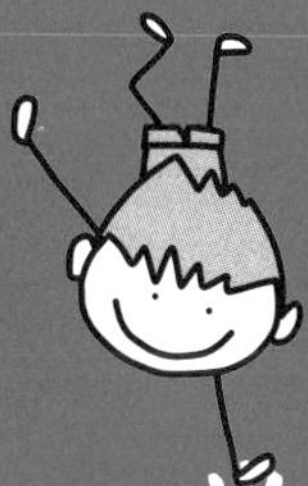

掌握陪伴、交流、了解、話題四個重點

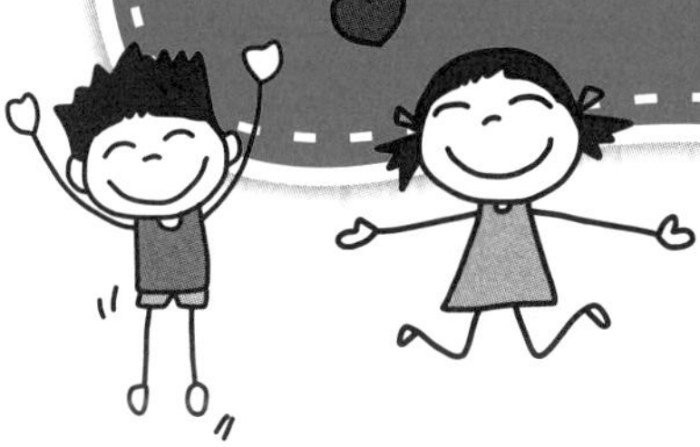

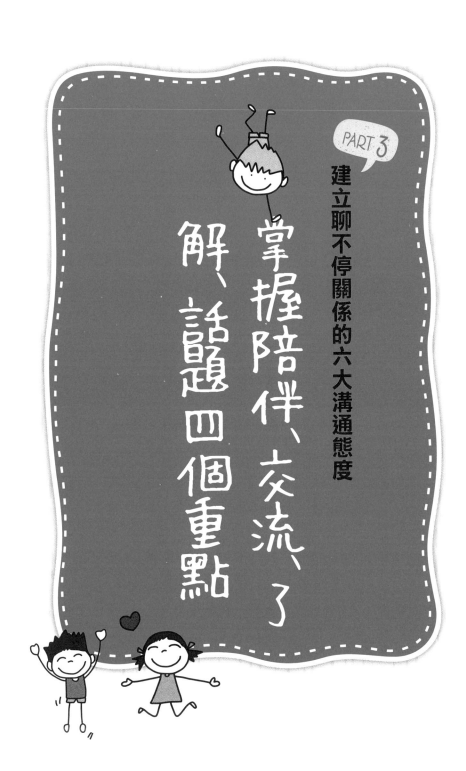

我們跟許久不見的朋友碰到面，當下不知道要聊什麼時，腦中會開始搜尋著彼此的共同處作為聊天與分享的話題，像是天氣、城市、過往回憶、相同的朋友等。若對方為社群好友，更會回想曾經看過對方哪些貼文，像是去了哪裡、有哪些嗜好、孩子多大等，好做為聊天的主軸。

然而，我們與孩子聊天卻不是如此。

跟孩子坐在一起，問的都是學校、同學、功課、考試、比賽、成績、分數與排名。孩子分享任何事，只要跟爸媽的預期相違背，得到的回應就會充滿著指導與說教。如果這是朋友聊天的內容，請問我們會喜歡跟他聊天嗎？

若要跟孩子建立一輩子聊不停的親子關係，必須先從有共鳴且不設限的話題開始。要有話題，必須先了解；要了解彼此，必須先有交流；要互相交流，一定先有陪伴。

陪伴絕對是建立良好親子互動的前提，而這個陪伴，是一起放下手機與電動的實質互動。

聊孩子有興趣的事

當親子一起聊天，提及爸媽會管教的事情時，不代表就是在放任孩子。電動會傷害視力且容易沈迷，當然要管；漫畫與電視有年齡分層，當然要選擇；同學之間或許會有惡意行為，當然要觀察。但這不代表大人跟孩子聊天時，必須做出過多的介入與意見。上述都是教養的行為，與聊天無關。聊天是種信任的展現，不應該侷限範圍，應該要天馬行空，無限遨翔，甚至爸媽也可以主動聊孩子有興趣的話題。

親子情境：孩子只想聊電玩

「澤爸，請問一下，我兒子放學後，一直在跟我聊電動、卡通的話題，這樣好嗎？」有次同學聚會，一位爸爸問我。

「你們會聊天，很好啊，有什麼問題嗎？」我一副不解的模樣。

「我當然也會跟他聊，但是他從學校一路回到家，甚至在家裡也都在講這些有的沒的，我跟他說：『可以了！不要再講電動、卡通。』但他還是停不下來。」

「不然，你希望孩子跟你說什麼呢？」我反問。

「聊學校發生的事情、課業問題、人際關係瓶頸，如果能問我，他面臨到了什麼挑戰、該怎麼進步跟突破會更好。」

「假使孩子來問你的挑戰，是電動要怎麼破關與突破呢？」我再問。

「這當然不行，因為打電動是沒有意義、對將來沒有幫助的事情。」

「當聊天的話題已有限制與預設立場，請問，這還算是聊天嗎？」

「嗯……」這位爸爸陷入沉思。

「什麼都要講有意義、對將來有幫助，這叫做『對主管呈報』，才不是親子聊天，因為內容已經被侷限了，只是在講爸媽想聽的話而已。」

「這麼說似乎沒錯。」我的同學回答。

「你長大後，喜歡跟爸媽還是跟朋友聊天？」我說。

「當然是朋友。」

「為什麼不想跟爸媽聊天呢？」

「他們總愛說一些大道理，我覺得很煩。然後愛批評與碎唸，好像我做什麼事情都不對。」

「請問，你現在不正是走跟你爸媽一樣的路嗎？」

「好像是。」

「假設，你的爸媽可以天南地北跟你亂聊，雖然會有規定，像是打電動的時間與看電視的內容，但是只要你開口，爸媽都很樂意聽你說、跟你聊。請問，你願不願意把聊天時間多花在爸媽身上一些呢？」

「嗯，願意。」我同學點點頭。

「所以，該管的事情當然要管，因為我們是爸媽。但聊天這件事，只要是孩子有興趣的話題，就跟他聊吧，甚至是我們主動問他都可以。若是能把我們年輕時候的相同興趣也分享給孩子聽，肯定更能產生共鳴。」

換個角度想

別用主觀想法，去批評孩子的興趣

我們都經歷過成長的階段，但是有了孩子之後，反而忘了童年時的經歷。我們還是孩子的時候，可能不喜歡跟爸媽講話，因為只要是不符合他們期待的話題與內容，就會被批評、嘮叨。聊電動，被講：「你還在打電動啊？功課爛成這樣，怎麼一點都不長進呢！」聊電視劇，被唸：「不要再看這些沒有用的連續劇，快去讀書。」聊跟同學的糾紛，被罵：「你就不能安安份份的當個學生嗎？幹嘛一直惹是生非！」

我們也不喜歡爸媽每一次開口聊天，都在問：「怎麼樣？在學校開心嗎？」「今天上課學到了什麼？」「你今天有乖嗎？」這些帶有期望與預設答案的無聊問題。然後，我們會說「還好啊」、「就那樣」、「差不多」、「一般般」等簡單而敷衍的回答。

我們小時候不喜歡爸媽這麼做，但是，現在似乎卻對孩子做著相同的事。

不要用大人的主觀想法，去評判孩子的興趣與喜好是好還是壞、有意義或沒意義。意義與否，是從自我體驗去認定的，而非他人所架設的框框。把自己成長歷程得來的價值觀硬套在孩子身上，這不叫愛，而是強迫。

強迫而來的對話，永遠是經過篩選的。

這樣說就解決了！

聊天，是種信任的展現

「你為什麼喜歡玩這個電動呢？」「你說的那個卡通劇情好精采。」「對啊！爸爸以前也跟同學打過架。」順著孩子想說的話題盡情的聊，甚至可以反問問題以及敘述我們的成長故事，更深入的了解孩子。

「今天那個NBA籃球員又得三十分了。」「你昨天玩的那個電動破關沒啊？」「後來你跟同學和好了嗎？」我們也可以主動發問，跳脫學習、知識、有意義的侷限，問孩子有興趣的話題，特別是當孩子到了很多事情不太跟爸媽講的青春期，這樣才能延續且建立起聊不停的親子關係。

聊天是為了產生共鳴與連結

我們與朋友聊天時，聊到工作，可能是抱怨不滿；聊到未來，多半是大談願景；聊到興趣，絕對是有著相同的喜好。我們不會在朋友抱怨主管時，跟他說：「你怎麼講得這麼難聽！」不會在朋友談未來夢想時，跟他說：「你每天好吃懶做，能做到才有鬼呢！」也不會在朋友談論收藏時，跟他說：「你買這麼多東西，實在是浪費錢！」

聊天的目的不是為了教育，而是為了產生共鳴與連結。親子之間的聊天，有時也要像朋友一樣，去除上下位階，刪除爸媽要教導孩子的想法，只要是孩子有興趣的事，就跟他多聊。

教，永遠不嫌晚。但是當孩子不想跟爸媽聊天，一切就太晚了。

與澤爸一起練習親子溝通

孩子與我們聊著有興趣的話題時，我們要說：

Tip 1.

句型：「你說的那個卡通劇情好精采！」

重點：順著孩子的話題繼續說。

Tip 2.

句型：「你昨天玩的那個電動破關沒啊？」

重點：主動跟孩子聊他有興趣的話題。

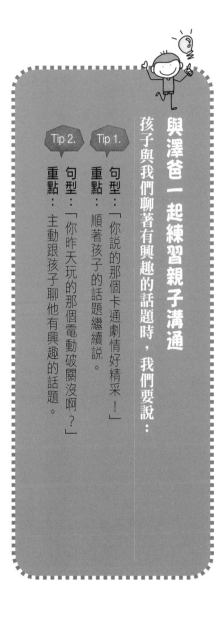

分享爸媽過往故事

當孩子在生活中受挫，向我們傾訴煩惱時，千萬不要直接套用我們的想法，要求孩子一定可以辦到，因為孩子深知自己的不足與無力，這些道理或許只會讓他感覺到「你不是我，根本不懂我」的沮喪。

親子情境：孩子在學校社團受挫

澤澤所參加的學校社團裡，各個年級的孩子都有。開學時，老師為大家分組，與澤澤同一組的，是三個高年級生與兩個中年級生，所以澤澤年紀最小。不過，平時很愛聊天的澤澤，卻很少提到社團裡的事情，於是我主動發問。

「怎麼樣？社團好玩嗎？」回到家後，我問他。

「嗯……還好。」澤澤說。

「你今天有做了什麼東西嗎？」當我發現澤澤的回答很簡單時，會換另一種方式來問他，不是開放式的問題，而是問得較為細節。

「我做了一個成品，但是高年級生都在笑我。」澤澤有些難過。
「是喔，為什麼要笑你？」
「因為他們覺得我做得很爛。」
「他們有做得很好嗎？」
「高年級的學長姐做出來的都很厲害，他們好強喔。」
「但也用不著取笑你啊？」
「他們都叫我廢咖，笑我幫不了忙、很遜。」澤澤非常挫折的說了這件事。

換個角度想

講大道理反而讓孩子感到沮喪

當我們聽到孩子的事情想給予建議時，很容易講出人生大道理：「你要用心學，不懂的就要問。」「不要理他們在講什麼。」「你就努力做好給他們看。」這些話或許帶有正面與激勵的效果，不過離真正能讓孩子感受到我們的確感同身受，還有一大段距離。

我發現能吸引孩子感興趣的正面言語，以及感受到「爸媽是真的懂我目前處境」的方法，就是分享我們年輕的故事，特別是與孩子經驗相近的過往例子。

這樣說就解決了！

爸爸也發生過類似的故事

「高年級生笑你是廢咖，你聽了一定很難過。來，爸爸抱一下。」我拉著澤澤一起坐到沙發上，用同理的方式安慰他。

「也有人講過爸爸是廢物，所以爸爸懂你的心情。」我又接著說。

「爸爸也被這樣罵過喔？」澤澤好奇了。

「對啊，在我剛進公司上班的時候。」

「是誰罵你？為什麼要罵你？」澤澤開始一連串的發問。

「公司裡面有些同事是資深員工，因為他們待得比較久，所以很熟悉該怎麼做以及如何做最快，就像是你的高年級學長姐一樣，」我開始講起過往的故事了，「我的主管就像你的社團老師一樣，會交代我做很多事情。由於才剛進公司，很多事都不懂，主管要我去請教資深員工。但是他們可以做很快的事，我要花上好幾倍的時間，而他們一看就知道該怎麼做的事，我會一直做錯。有一次，我來回改了好幾遍都不對，有位資深員工大聲罵我：『你是廢物嗎？這點事情都不會。』我聽了也是很生氣、很難過。」我把類似澤澤發生的故事說給他聽。

「然後呢？爸爸有罵回去嗎？」澤澤更加好奇我是怎麼處理的。

「我沒有罵回去，生氣歸生氣，仔細想一想，除了他講我廢物這兩個字不好聽之外，他講的似乎也沒錯，我的確動作太慢，也應該要在錯誤之中學習。」

「後來爸爸是怎麼做的啊？」澤澤問。

「我先忍了下來，然後更加努力地去學習，對工作更專心並加快速度，而做錯的部份，下一次記得不要再犯，最後當然就愈來愈好囉。」

「後來他們有再罵你嗎？」澤澤似乎聯想到自己身上。

「後來就不會了，因為爸爸有時候還做得比他們好呢！」我摸了摸他的頭。

「所以，如果我跟爸爸一樣的話，他們就不會再笑我廢咖了，是不是？」

「當然，這是爸爸之前發生的事情，當作參考，你可以試著做做看。」

「好，謝謝爸爸。」澤澤點點頭，進入了沈思狀態，似乎在想著自己可以怎麼做。

把自己實際發生過，並且類似的過往，以說故事的方式分享給孩子知道，爸媽當時是如何應對相同的狀況。孩子會邊聽邊投射在自己身上，除了有種爸媽是真的懂我的感受外，更會專心地聆聽用故事包裝過的建議。因為這是爸媽真實發生過，而非以一副我是大人的姿態，認定孩子所經歷的都是小事，所以聽話照做就好。

畢竟，說故事比講大道理，更容易讓孩子吸收與了解。

假使分享的故事某些部份已經忘記了，甚至也不用完全照實說，我們可以說到七、八分是真的，其餘細節，順著孩子所發生的事情，說得很相近就好。故事愈是雷同，孩子愈能產生共鳴。但是，一定要是真實發生過的故事喔。

跟著澤爸一起練習親子溝通

孩子需要爸媽給建議時，我們要說：

Tip

句型：「我也有發生過類似的事，所以爸爸（媽媽）懂你的心情。爸爸（媽媽）之前……」

重點：用說故事的方式，描述當時發生的細節與轉折來給予孩子建議。

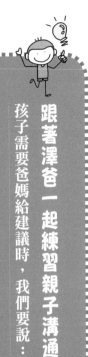

詢問孩子：「希望爸媽陪你做什麼？」

所謂的陪伴，不是爸媽自我認定的，只要在同一個環境、空間，或是讓孩子有事情做，就是在陪伴了。**真正的陪伴，是要達到心靈的契合、情感的交流與了解的增進。**

親子情境：人在心不在

「爸爸，陪我玩積木。」當時才三歲多的澤澤找我一起玩。

「好啊。」我從沙發上起來，與澤澤一同坐在地板上。

「我們一起來蓋房子。」澤澤從桶子裡倒出一堆積木。

看著他玩積木一陣子，我想想沒事好做，於是默默地拿起手機滑了起來。

「換你蓋了，爸爸。」澤澤放了幾個積木到我面前。

「好。」我瞄了幾眼後，左手一個個放積木堆了上去，而右手持續滑著手機。

「啊！爸爸，你的房子倒了啦！」我過於專心看手機，連積木倒了都沒有發現。

「哎呀！我再蓋一次。」

「哼！我不要跟爸爸玩了，你都沒有在陪我玩。」澤澤有些生氣。

「哪有，我不是一直都在旁邊陪著你嗎？」我試圖解釋。

「你根本就在看手機，都沒有在陪我。」澤澤嘟起小嘴。

聽到澤澤這麼說，著實讓我羞愧不已。原來，我以為的陪伴，只是坐在孩子旁邊罷了。而孩子要的陪伴，是希望與爸媽有實際的互動。

於是，我開始改變了。從那次之後，與孩子在一起的相處時光，不再有這種「人在心不在」的陪伴方式。

換個角度想

外包式的陪伴

電腦與手機帶給我們許多便利，不管是忙於工作，或是與朋友在社群網站交流，都讓我們手不離機。除了在家中，孩子與大人做著自己的事情之外，甚至時常看到一個現象：爸媽把孩子帶到親子館、遊樂場或兒童室內遊戲區等地方，讓孩子在裡面自己玩，而大人則是在外面滑手機或使用電腦，把屬於爸媽的責任，像是安全與指導，交由工作人員看顧著。

這樣說就解決了！

真心回應，讓孩子感覺爸媽的陪伴

真正的陪伴很簡單，就是「**親子一起專心地參與同樣的事情**」。當孩子想要我們陪他時，首先要做的就是放下手機，然後說：「想要爸爸跟你一起做什麼事情呢？」

孩子希望我們陪他一起堆積木，不是看他自己一個人玩，而是化身為建築師，跟他一起創造出無限的想像世界；孩子希望我們陪他一起玩拼圖，不是讓他自己一個人拼或是幫他拼，而是一旁觀察，當他不知道該怎麼做時，引導孩子去自己試試看；孩子希望我們陪他一起玩辦家家酒，不是滑著手機推託：「爸爸不會玩啦，你自己去玩。」而是真的成為客人，彷彿進到店裡，呼喊著：「老闆，多少錢？哇～這麼貴喔！」孩子想要跟我們講話，不是打著電腦隨口應和著「嗯～嗯～」，而是放下電腦，眼睛看著對方，做出真心的回應：「是這樣喔，我知道了。」

帶孩子到親子館，我會跟著他一起去體驗各種遊戲；帶孩子到兒童室內遊戲區，我會陪著他一同穿梭在網子與溜滑梯之間探險；帶小小孩到公園，我會緊盯他是否安全，當他需要我時，像是盪鞦韆，絕對隨傳隨到；至於帶大孩子到公園，我會與他從事可以一起做的活動，像是運動類型的踢足球、打籃球、棒球、騎腳踏車等，以及玩樂類型的鬼抓人、紅綠燈、木頭人等。

因為只有一起專心做著同樣的事情，才會有更深層的互動；有了頻繁的互動，才能更加了解彼此，交流情感與契合心靈。

當孩子自己玩著遊戲，而我們在一旁滑著手機，不管親子之間靠著多近，甚至是貼在一起，都絕對辦不到上述事情的。

無法陪伴時，也給予可行的延後時間

陪伴孩子固然重要，但我們會累，也會有工作要立即去做。當我們想休息，或是有緊急的事情必須處理，而孩子同時間也希望陪伴，此時我們可以給予孩子**可行的延後時間**。

「爸爸，可不可以陪我玩。」「我現在好累喔，讓我休息二十分鐘。」

「爸爸，我想去公園了。」「爸爸正在寫文章，再三十分鐘，也就是長針走到十的時候，我就可以帶你去囉。」

我們要看著孩子，答應一個可行的延後時間（寧願多講也不要少估），然後在這段時間內，先好好睡一下或專心處理公事。等時間一到，請務必堅守承諾，並且用心的去陪伴孩子。不然，相當守時的孩子一定會不斷地回來找我們。

跟著澤爸一起練習親子溝通

當孩子想要我們陪伴，而我們正在滑手機時，可以放下手機說：

Tip

句型：「想要爸爸跟你一起做什麼事情呢？」

引導孩子去想，他要什麼

當聽到孩子對於我們每一項要求都回答「我不要」時，我們內心的怒火一定會開始熊熊燃燒，然後忍不住恐嚇孩子：「你再說一次不要試試看。」說些不可能做到的發洩話語：「好啊，飯也不要吃，我們也不要出門！」或是錯失管教機會的放任：「什麼都不要，那你就自己決定，我不管你了。」但這些方法實際上都發揮不了作用。

親子情境：孩子拒絕大人的提議

近十三度寒流來襲的傍晚，我騎著摩托車在校門口等澤澤放學。看到澤澤從學校穿堂走了出來，身上只穿著發熱衣與運動服，絲毫沒有外套的蹤跡。

「你不冷喔？外套呢？」他走到我旁邊，我立刻問。

「不會冷啊，外套在書包裡。」澤澤說。

「不過等一下要騎車，風很大，你把外套穿起來吧。」

「我不要。」

「如果你現在不冷，那至少把外套拿出來，以防萬一。」

「我就是不要。」澤澤直挺挺地看著我，彷彿有一種宣告自主權的意味。

「我知道了。上車吧，媽媽煮了好吃的燴飯。」我心想一下子就到家了，沒穿外套也沒有關係。

回到家後，吃完飯、寫完功課，轉眼間又要準備上床睡覺了。澤澤自己洗澡時，我看看時間已經九點半，有點晚了，於是探頭提醒：「你抹肥皂了嗎？」有時澤澤會玩玩水再開始洗澡，所以我問這句是想知道他洗到哪個階段。

「還沒。」澤澤搖搖頭。

「趕快抹吧，已經很晚，等一下該睡覺了。」

「我不要。」澤澤居然又是回答這一句。

換個角度想

孩子不聽話代表他有自己的想法

「穿上衣服。」「我不要。」

「立刻去洗手。」「我不要。」

「把玩具還給他。」「我不要。」

孩子不聽話絕對是件好事，表示孩子有自我的意見與想法。一味地要求孩子聽話，只是爸媽求行事便利罷了。難道我們希望孩子長大後，都只聽他人的話嗎？既然不希望，那就需要趁孩子還小的時候，慢慢地灌溉剛萌芽的思考種子，讓它們成長。

不過，千萬不可百般順從，一定要趁孩子不想聽爸媽話的時候，告訴他比說「我不要」更加重要的事。

這樣說就解決了！

與其說「我不要」，不如說「我要什麼」

「你說『我不要』的意思是？」原本準備離開的我，在聽到這句話後，又站回來反問他。

「就是我不要。」澤澤說。

「對！我有聽到你說不要。那麼，你—要—什—麼？」我追問。

「我想要再沖一下水，才抹肥皂。」澤澤說。

「你這樣回答不是比較好嘛！」我繼續說，「你當然可以對爸爸說的事情有不同想法與意見，但不能只是說『不要』或是『我就是不要』，你應該要把你的想法講出來，也就是**除了說不要之外**，**更重要的是跟我們說『你要什麼』**。因為爸媽會要求你，一定有我們的原因，說出『你要什麼』，我們再一起想出辦法，這才叫溝通，而不是一直堅持說『不要』。」

「好，我知道了。」

我想到了傍晚的事情，於是再問他：

「就像我今天去接你放學的時候，我要你穿上外套，你當時回答什麼？」

「我不要。」澤澤說。

「爸爸這麼說是擔心騎車的時候，你會冷。如果再來一次的話，你要怎麼表達呢？」

我丟出問題，讓澤澤再去思考一下。

「爸爸，我想要覺得冷的時候再穿。」

「不錯喔！如果再加上我的擔心的話，可以想出怎麼樣的辦法呢？」

「只要我打噴嚏的話，一定會把外套穿起來。」澤澤想了一下回答。

「很好，我知道你懂了。趕快洗吧。」

「我洗好了。爸爸在跟我講話時，我就邊聊天邊洗完啦。」澤澤笑咪咪的走了出來。

找到爸媽要求與孩子自主的平衡點

「我不要」這三個字只是單純的表達：我反對你所說的。高舉我反對的牌子，卻提不出實質提案，只會變成為反對而反對的口號罷了，完全無助於親子之間的溝通。

身為爸媽，唯有鼓勵孩子試著表達，把想法說出來，再一起討論並且想出辦法，才能達到「爸媽要求」與「孩子自主」的平衡點，進而建立一輩子聊不停的親子關係。

當然，我們也不要成為「反對孩子的反對」的爸媽。當孩子已經表達內心想法，依然只會命令孩子聽話與不斷說服他的爸媽，其實並沒有做到溝通這回事。

倘若孩子年齡還小（約二至四歲），表達能力尚未成熟時，很容易發生毫無邏輯、抗拒、為了說不要而不要的對談。此時，除了「你要什麼」的開放式反問之外，我們可以多用「選擇題型」來幫助孩子表達。

「你要在家裡先穿上外套？還是到外面再穿？」

「你要現在去洗手？還是休息一下再洗呢？」

無法完整表達內心想法的孩子，多半會更加生氣，然後出現反彈情緒。用選擇題型的方式，在限制範圍內提供孩子選項，如此一來，既可以讓孩子表達想法，又可以順著爸媽所要求的方向前進，絕對可以減少相當多的親子衝突。

跟著澤爸一起練習親子溝通

當孩子不想聽爸媽說的話，只會回答「我不要」時，我們要說：

Tip

句型：「除了說我不要之外，也請說『你—要—什—麼』？」

教導孩子比電玩更重要的事

面對孩子喜歡玩電玩的現象，有的爸媽認為孩子容易沈迷，不要讓他接觸就好了。但是除非我們把他關在家裡一輩子，不然孩子一定會遇到的。當孩子心中充滿著好奇，卻在我們的規定下不准去嘗試，於是他們很容易趁爸媽不在的時候偷偷做，不然就是等到大學住在宿舍時，開始打電動打整夜，因為再也沒人管他了。

所以我們要做的是趁孩子還小的時候，訓練他們的自我控制能力，而非不斷地架設防火牆，阻擋他們練習的機會。

親子情境：孩子沉迷電玩遊戲

二〇一六年，精靈寶可夢Ｇｏ（Pokemon Go）在台灣上市後，很多人都為之瘋狂。我當時立刻下載來嘗鮮，澤澤與花寶也會趁我在玩的時候湊過來看。「爸爸，這邊有神奇寶貝嗎？」「爸爸，這個是幾等的？」「爸爸，我來按球。」但沒有想到的是，澤澤比大人還熱衷。

有一次，我去接澤澤放學，還沒到校門口，遠遠地就看到澤澤緊貼著同學身旁，眼睛盯著對方手上的螢幕看。

「在抓什麼神奇寶貝啊？哇，這麼強的怪，居然沒有跟我說！」我一看到就知道他們在玩寶可夢，於是立刻湊上去想要一起同樂。

「爸爸，你今天有抓到什麼怪嗎？」回家的路上，澤澤問我。

「沒有耶，今天沒有什麼特別的。」

「可不可以借我手機？我想看看附近有什麼神奇寶貝。」我還沒有開口，澤澤立刻想要伸手進我的包包裡拿手機。

「幹嘛！不能自己拿。」我抓住他的手，阻止了他的行為。

「我好想看。」澤澤祈求著。

「我們現在在走路，等一下到家再說吧。」我說著。

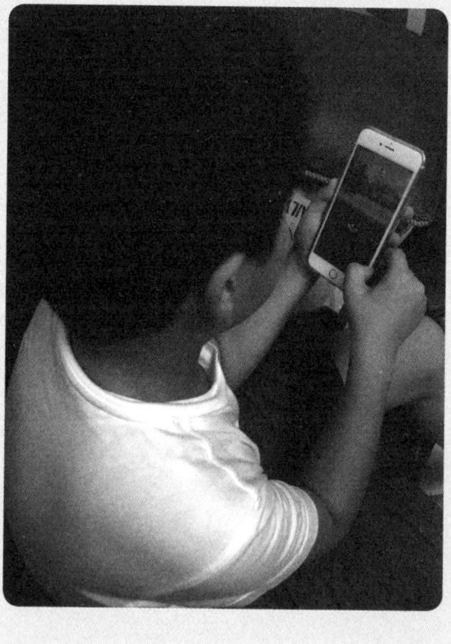

換個角度想

孩子是否不快樂，才沉迷電玩？

這幾年時常到國、高中演講，最常被家長問到的一個問題，就是：「孩子沈迷於打電動該怎麼辦？」「不管我怎麼阻止他，還是會偷偷去打電動。」「不准他打，就跟我大發脾氣。」

電玩真的很吸引人，畢竟它是高度刺激的遊戲，而且只要努力，等級就會提高，等級一高，自然會被他人拜託一同去破關（因為有等級高的同伴，才可以打敗更困難的怪物或關卡，然後得到比較多經驗值）。接著，他人的依賴感與需要感接踵而來，慢慢的，孩子在電玩上獲得了其他地方得不到的成就與快樂。只是他不知道，這樣的快樂是短暫而且消縱即逝的，它來得快也去得快，但是新的遊戲與玩法不斷推陳出新，所以孩子會一直沈迷其中。

然後，一無聊就想打電動、有人一約就去打電動、跟朋友聚會就是去打電動。看到孩子變得如此沈迷，我們當然會因為擔心而大聲責罵與恐嚇：「你怎麼又在打電動，真的很不聽話。」「你只知道打電動，將來怎麼會有出息？」「你再打，我就把你的電腦給砸掉。」

其實電動本身並沒有不好，身為父母的我們應該要思考的是，為什麼孩子會如此沈迷於電玩呢？再更深一層的思考是，他是不是在生活與學校當中找不到快樂、成就與自信，所以只能在電玩中找尋呢？

這樣說就解決了！

主控權絕對在爸媽手上

當我們發現孩子有些無法控制的行為出現時，像是原本正在做自己的事情，一發現有人在玩電動，就會立刻跑到旁邊看，然後不管我們怎麼叫都無法離開；一無聊就不斷地要求玩電動、玩手機，甚至用大聲哭鬧的方式索求；孩子會在沒有詢問或經過爸媽的許可下，擅自拿手機等等，此時我們一定要嚴加控管，堅守「合理使用」、「更重要的事」、「以身作則」還有「把注意力拉回到親子關係」四大原則。

合理使用

把打電動的時間，歸類為跟看電視、手機、平板電腦等是同一類的活動，以視力保護當作基礎，規範孩子打電動的時間。「如果你現在一直用手機打電動，等一下就不能看電視。」「你今天已經看過電視，所以不准再打電動了。」

3C產品何時可以使用、使用多少時間以及何時要歸還，請爸媽在拿手機以及開電腦給孩子前，必須先規定清楚。我們一定要掌握一個基本原則：可以讓孩子嘗試，一起享受電動帶來的喜悅與刺激，但是只要發現孩子有沈迷與無法控制的行為出現時，請嚴格要求他們短時間內不可以再玩電動。

畢竟，孩子的自制力尚未發展完善，適度是育樂，過度就是沈迷了。

讓孩子學會「自我啟動」

讓孩子明白什麼是更重要的事，他們自然會把電動排為次要的活動。

澤澤熱衷於寶可夢的時候，當我騎車載他停至紅燈前，他會開口詢問：「爸爸，要不要看一下附近有沒有驛站可以拿球？」我都會堅決地回答：「不行，我們在騎車很危險，騎車的時候不准玩。因為安全比玩電動重要。」

當我開車時，澤澤問道：「爸爸，可以看你的手機嗎？」我也會堅決地搖搖頭說：「不可以，車子在晃動，看手機會傷害你的視力。因為健康比玩電動重要。」

澤澤準備要去上課前問：「爸爸，我現在想要打一下電動！」我會告訴他：「沒辦法，等一下你要去上羽球課，因為你熱愛的運動比打電動重要。」

當孩子愈來愈大，我們不在他們身邊的時間愈來愈多，他們有更多機會與誘惑去接觸到令人沈迷的事情，所以更要從小教導孩子，讓他們知道有許多事情的重要性在電動之上。如此，電動才會成為偶爾為之的次要興趣，而非毫無目標的首要慰藉。

孩子長大後，他將會明白熱忱的工作、熱愛的興趣與熱情的使命等，都比電動更為重要，當兩者同時發生了，他會選擇乖乖的把電動放旁邊，從事充滿熱誠、認愛與熱情的事，這叫「自我啟動」。唯有他們自願，才會遠離電動，而不是我們強迫孩子把網路關掉、電視關掉、不許玩電動。自動與被逼迫停止某些行為，兩者效果是差很多的。

孩子愈大，特別是到了國高中階段，更應該把重點放在找尋內心的自我啟動，而非一味地防堵與制止。

爸媽必須以身作則

假使我們很嚴厲的告訴孩子「不准再打電動了」，自己卻拿著手機滑個不停，這種用權威逼迫的方式，只會讓孩子內心出現不服氣的聲音：「等我長大了，我一定要玩到開心為止。」

要求孩子的同時，爸媽以身作則顯得相當重要。所以，當我們跟孩子說不可以玩電動的時間點（像是騎車、開車、走路與做重要事情等），自己也絕對不能玩；答應陪孩子一起參與活動時，千萬不可邊看手機邊陪孩子；與孩子在外頭散步或玩耍時，請你眼中只有孩子，而非不時拿手機出來。面對糾正，我們更要做出榜樣：「是！爸爸立刻把手機收起來。」「對不起，爸爸現在不再看手機了。」

唯有大人帶頭不沈迷，孩子才不會跟著淪陷。

把注意力拉回到親子關係

雖然我會規定孩子打電動的時間，但聊天內容卻不在此限。放學回家的路上，我們可以大聊特聊，哪個神奇寶貝最厲害、絕招是什麼、什麼屬性等等，一樣可以展開親子之間的話題，甚至成為假日一同出門的理由。

另外，除了一味的盯牢孩子之外，不妨帶著孩子一同出遊、玩耍、騎腳踏車等，進行戶外的親子活動，或是在家放個音樂，一起看書、玩桌遊，對於任何適合孩子的話題都可以開心亂聊。由我們來帶動孩子遠離電動，一同親身感受到「家庭關係」是比電動更為重要的事情。

跟著澤爸一起練習親子溝通

當孩子沈迷於打電動時，我們要說：

Tip 1.

句型：「這麼好玩的遊戲，怎麼沒有跟我說啊？」

重點：表達了解而非直接責備孩子。

Tip 2.

句型：「你今天已經看過電視了，所以不准再打電動了。」

重點：規範孩子的行為。

Tip 3.

句型：「車子在晃動，看手機會傷害你的視力，所以不可以玩，因為健康比電動重要。」

重點：教導孩子什麼比電動更重要。

Tip 4.

句型：「對不起！爸爸現在不再看手機了。」

重點：以身作則的必要。

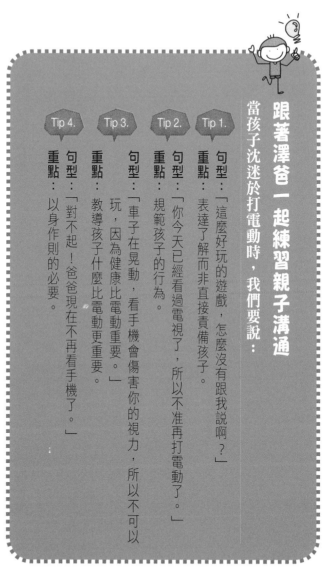

我不會給你手機，但可以借你

要不要讓孩子使用3C產品，絕對是現代爸媽最頭痛的問題之一。既然無法避免，我建議家長等孩子大到有自制力的時候再讓他們接觸，在這之前，先讓他們建立正確的使用觀念。像我跟我家兩小就約好，等上了高中再考慮是否要送他們智慧型手機。

親子情境：孩子希望大人買手機給他

「爸爸，我生日的時候，真的可以讓我選擇禮物嗎？」澤澤有點不好意思地小小聲問我。

「可以啊！不過還要看金額，以及禮物適不適合。」

「那……可以買手機給我嗎？」他愈說愈小聲。

「現在嗎？當然不可能。」

「為什麼？我同學都有耶！」原來是他參加學校暑期班，朋友有帶手機去玩。

「那個手機真的是你同學的？」

「是真的，他爸媽送給他的。」

「所以你很羨慕囉？」我問

「對啊，他想怎麼玩就怎麼玩。」澤澤嘟嘴點點頭

「雖然我不會買給你，但我可以借你。」

「不要，爸爸會限制我時間，而且玩手機之後就不能看電視啦！」澤澤抗議。

「沒有辦法呀！為了你的視力著想。」

「我也好想跟他們一樣有自己的手機。」澤澤羨慕的說。

「我知道你很羨慕他們，但是這點爸爸一定會堅持，至少在高中之前，我不會送給你任何３Ｃ產品，即使是我們用過的二手機都一樣。」我嚴厲地說。

「吼~為什麼啦？」

換個角度想

孩子的自制能力仍在建立

我到許多國中及高中演講時，發現國、高中生現在幾乎已經人手一機。有些是孩子自己要求：「爸爸，可以給我一支手機嗎？」然後，爸媽拿手機當作表現好或努力唸

書的獎勵：「好吧！看你最近這麼乖。」「只要你這一次考試考到前幾名，爸爸就買給你。」以及對於孩子擁有手機不以為意：「拿的是我的二手機，而且不能4G上網，只能通電話，沒有關係啦。」「他說班上同學都有，而且都加群組每天聊天，沒有手機會擔心他被排擠。」「他說是拿來查資料的，我也不懂到底有沒有。」

孩子擁有一支屬於自己的手機後，慢慢地關在房間裡面的時間變多了，寧願低頭與同學傳訊息，也不願意在客廳跟爸媽講話；開始很在意朋友回覆了沒？社交媒體上按讚了沒？為什麼對方不跟我加為好友？因而變得患得患失。其實在班上，只要有同學開啟「個人熱點」共享，即使手機沒有4G也可以上網。

當爸媽發現不太對勁之後，開始要約束孩子使用手機的行為：「不要再看手機了，收起來。」「最近要期中考了，請你給我保管。」得到的回應，不是一直推託：「好！再等一下就好了。」就是生氣的捍衛權益：「這是我的，為什麼你要拿走！」

最後變得上課不專心，愈來愈少的親子相處時間、愈來愈多的親子衝突，以及沒收手機成為唯一的教養手段。況且，過度依賴社群媒體與手機上的交友關係，將使孩子長大後不懂得如何經營更深層與更有意義的人際關係、不知道該如何表達內心的感受，以及在面臨壓力時，不知道如何尋求幫忙與協助。

聽到澤澤的同學中，已經有不少孩子擁有智慧手機或平板電腦，我實在是有些驚訝。不過，即使孩子再怎麼羨慕他人，該堅持的還是要堅持，因為使用手機會成癮。

讀書時，聽到「叮咚」聲，分心轉頭過去看一下；平常無聊時，可能會看書，現在全都拿去滑手機了；原本尷尬時，會想辦法擠出話題與他人聊天，有了手機之後也懶得與人深交了。

當孩子的自我控制能力尚在建立時，把手機給孩子，等於是把一大塊肉放在獅子旁邊，不斷地給予誘惑，接著孩子就深陷其中而不自知了。

這樣說就解決了！

告訴孩子，在有自制力前，爸媽先把關

在孩子能夠自我控制時間，以及知道如何正確運用工具來找尋資訊前，請務必把孩子使用3C產品的主控權，緊緊的握在手中。然後，一旁觀察孩子，再逐漸地放寬與放手。

手機或平板電腦就是爸媽的。需要跟朋友討論、上網查資料、在外面時要聯絡人，可以先跟我們借。

借出去之前，先了解需要多久時間，然後控管使用長度，約定好及時歸還。

務必了解孩子上網內容，網路無遠弗屆，愈小的孩子愈需要留意。

判斷孩子是否可以擁有手機，標準絕對不是孩子有多乖、成績考幾分或年齡到幾歲，應該是他是否具備「自制能力」。

我用帶點溫柔的語氣跟有點哀怨的澤澤說：「爸爸除了擔心視力之外，網路上會搜尋到什麼資訊更是無法預測，或許你會看到不適合的內容，所以才需要在你還小的時候，先為你把關。」澤澤不說話。我繼續說：「不過，當你高中的時候，能夠學習到「自我控制」與「善用工具」的話，爸爸一定會考慮的。」

孩子待在家的時候，應該是多跟我們相處在一起，共度親子時光，而非把視野侷限在一個小小的框框裡，全家人共處一室，卻各自用著自己的手機。

跟著澤爸一起練習親子溝通

孩子跟我們要求想擁有一支手機，我們要說：

Tip

句型：「我不會給你手機，但是我可以借你。」

重點：直到孩子的自我控制能力到達一定程度之前，3C產品的主導權還是由爸媽掌控。

PART 4

聰明回應孩子常問的七個問題

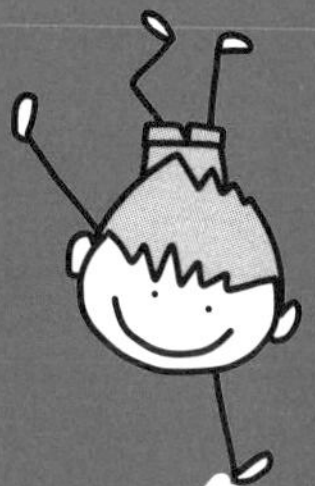

多花一分鐘，引導孩子的思考力

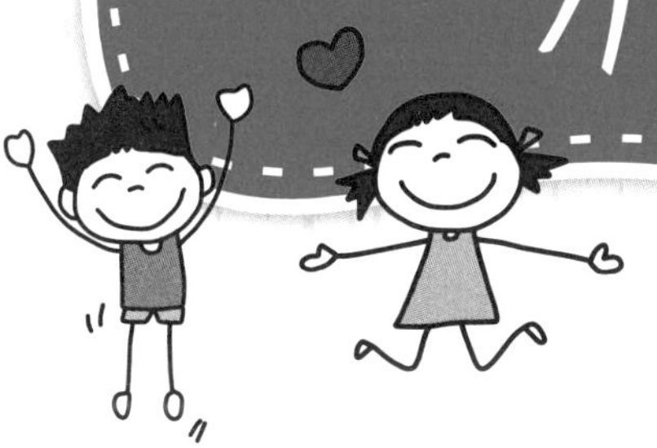

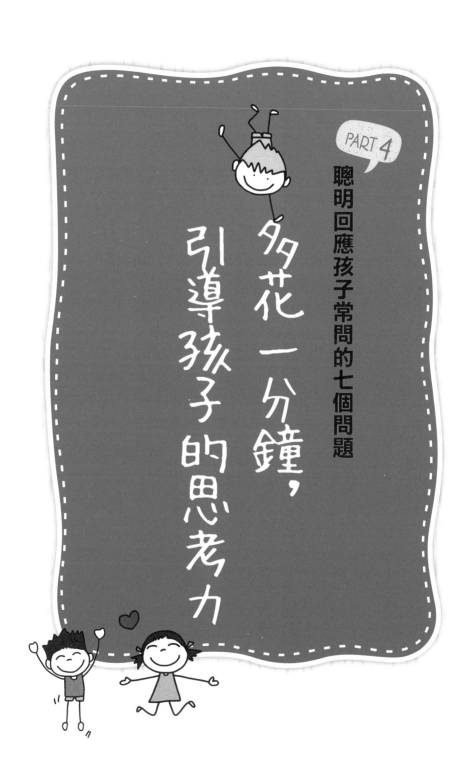

孩子小時候都很愛問大人：「為什麼？」「這是什麼？」但是得到的回覆往往是：「沒有為什麼。」「就是那樣。」到了求學階段，則是被迫把所有的答案都以二分法分成「對」與「錯」，只有符合標準答案的才是對、不符合就是錯。然後開始學會猜題、去除法、死背，這些與學習本質無關，只為了提高一點分數的方法。於是，問問題不重要，怎麼解題才是王道。

遇到不懂的地方，先看會不會考試；聽到不解的地方，不敢舉手因害怕問錯問題；看到疑惑的地方，先背下來能應付就好。如此，對於獲取知識的求知欲、挖掘學問的思考力、探索未知的好奇心，變得愈來愈少了。

每一個問題的背後，代表想得到答案的渴望，所以內心有疑問，並且不害怕問到蠢問題而勇於提問的態度，絕對是相當難能可貴的。珍惜孩子的為什麼，先試著反問他，再用他能理解的方式來說明，把學習跟生活連結起來，不給標準答案的回應。讓孩子滿滿的求知欲在心中萌芽，在未來的每一條路上，遇到任何不懂、不解與疑惑的地方，都能夠因思考而成長、因好奇而茁壯。

不強求最高的分數，只成就最好的自己。

爸媽，這是什麼？

對世界感到好奇的孩子，常常會提出一些讓大人招架不住的問題，在這種時候，重要的不是告訴孩子答案，而是帶領孩子去思考、探索什麼是可能的答案。過程中，爸媽不一定需要像百科全書一樣什麼都知道，但好的引導方式，可以開啟孩子的思考之路。

親子情境：孩子對世界感到好奇

走在馬路旁的小巷子裡，花寶看到了前方掉落的小芒果，立刻開心的小跑步上前並蹲了下來，問道：「爸爸，這是什麼？」

「妳覺得呢？」跟上來的我也看到了，但是不直接說答案，而是先反問她。

「不知道。」由於果實的形狀較小，外觀看起來是青綠色，花寶尚無法聯想到。

「你看它的形狀像什麼水果？」我試著讓花寶去思考。

「形狀有點像芒果，但它不是芒果啊？」

「跟妳平常看到的芒果，有哪裡不一樣？」我引導花寶去觀察。

「太小了，我們吃的芒果比較大。還有，顏色不一樣。」花寶說出她觀察到的地方。

「妳觀察得很仔細。沒有錯，這是芒果，只不過這是芒果還在小嬰兒的階段。」給予她鼓勵跟稱讚之外，我用花寶能聽懂的方式來解釋。

「所以平常吃的芒果是長大後的。」花寶恍然大悟。

「是的。」

「不過，小嬰兒應該是爸媽在保護，為什麼會掉下來呢？」花寶又有問題了。

「好問題。妳覺得為什麼呢？」對於花寶的問題，我再度提出反問。

「因為它太重了？不想待在家裡？想出去玩，結果不小心摔跤了？」花寶天馬行空的亂想。

「這些答案都很不錯。妳記得昨天晚上，天氣是怎麼樣的呢？」我繼續引導她去回想。

「昨天晚上有下雨。」花寶說。

「對啊，雨還滿大的。淋到雨時，雨珠打在妳身上有什麼樣的感覺？」

「有時候雨很大，打到身上還會痛呢。」

「小芒果本身就有一些重量了，經過昨天這麼大的雨，打在芒果上，有可能發生什麼事情呢？」

「讓芒果變重，樹枝支撐不住，所以它就掉下來了。」花寶講出了她想到的原因。

「妳說得很棒。不過，這只是爸爸的猜測罷了。只是，有時候我們對於一些事情產生了好奇，或許無法得知真正的原因，但是可以從旁邊的一些事情作出假設。」

「爸爸，我可以把小芒果帶回去嗎？」花寶問。

「可以啊。要帶回去幹嘛？」

「我要放在盆栽裡種成芒果樹啊。」

換個角度想

反問是培養孩子思考的第一步

當孩子問了問題，我當然可以很直接的告訴她：「這是芒果。」「因為下雨把芒果給打下來了。」但是這樣一來，孩子得到了答案，卻缺少了一項很重要的事情——思考。

直接告訴孩子答案，等於是讓他的大腦習慣於被動學習，也就是不需經由自己轉動，就有資訊塞進來。舉例來說，就像是每天都有人送餐到家裡給我們吃，我們不用工作只要躺著等吃飯就可以了，久而久之，大腦懶得運轉，然後生鏽，也就是不知道該怎麼思考了。

所以，反問問題，永遠是培養孩子思考的第一步，也更能激發出孩子內心的求知欲，讓他問出更多的問題。

這樣說就解決了！

肯定孩子的思考與表達

把問題丟還給孩子：「你說呢？」「你覺得為什麼會這樣？」或是自己也假裝不懂：「不知道！為什麼呢？」「我們一起來想一想好了！」這兩種方式都可以讓孩子練習思考。

不過，孩子不一定靠自己思考就摸索出答案來，偶爾需要我們適時的給予引線，也就是不著痕跡的丟出提示，用孩子所能理解的方式，帶著他一步一步去想清楚。

若孩子未能完整地表達出腦中所想到的，我們可以順著他的話，聯想到可能的答案，此時再幫忙說出幾個關鍵字即可，並且鼓勵他試著說更多。此目的在於訓練孩子說話，盡可能把腦中所想到的內容描述出來。如此一來，除了幫助孩子思考之外，也能加強孩子的表達與詞彙能力。

最後，孩子說出的任何答案，不管是否合乎邏輯、符合大人的認定，都不要輕易的說出「不對」、「錯」、「不是這個」，這會養成孩子去猜測大人早已預設的標準答案。天底下非常多事情是沒有「對」與「錯」的標準答案，所以面對孩子的回答，我們只要說：「你說的答案很不錯。」「你真的很有想像力！」「很好，你非常有想法。」「我好喜歡你的答案。」

陪孩子一起尋找解答

藉由生活當中的瑣事，就可以與孩子試著用提問的方式練習，特別是寫功課與學習更要如此。當孩子問我們：「爸爸，這題要怎麼寫？」「這題的答案是什麼？」不要直接告訴孩子答案，不管以大人的角度來看有多麼簡單，都要試著反問孩子，把問題丟還給他，或是陪著孩子一起去找尋解答。

培養孩子思考的過程，永遠比得到答案重要，而爸媽只需讓孩子體會到「自己栽種的果實，永遠比別人給的更加甜美」這個不變的真理就行了。

跟著澤爸一起練習親子溝通

孩子問我們問題時，我們要說：

Step 1.

句型：「你說呢？」

「你覺得是什麼？」

「對啊，為什麼會這樣啊？」

重點：反問孩子問題。

Step 2.

句型：「你說的答案很不錯，不過，可以再仔細想一下……」

「我好喜歡你的答案。」

重點：沒有「對」與「錯」的回應。

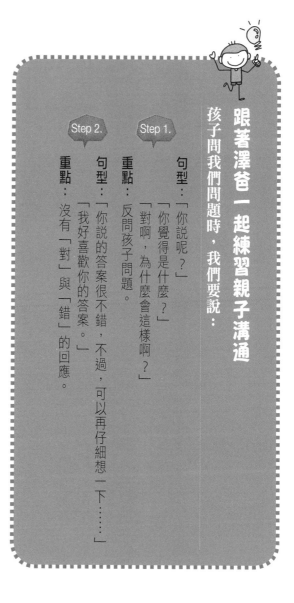

為什麼我要讀書？

爸媽一定都聽過孩子詢問為什麼要讀書，通常大人會回答讀書是為了以後好找工作等功利性的答案。其實趁這種時候，引導孩子知道讀書不是為了別人，而是為了成為更好的自己，這樣才能將讀書的動機深扎在孩子心裡。

親子情境：孩子對讀書產生疑問

在澤澤小學一年級升二年級的暑假最後幾天，當我與他一同檢查暑假作業時，他突然莫名地感嘆起來：「好快喔！再過幾天就要開學了。」我翻著他的暑假作業，跟著回應：「是啊！開學你就可以找朋友玩了。」澤澤並無顯露開心的神情，只有淡淡的回說：「可以找同學是很好玩，但還是在家裡舒服。」我抬起頭看著澤澤說：「我也這麼覺得。偷偷跟你說，爸爸在公司上班時，偶爾也會有希望待在家裡，不要去辦公室的念頭。」

突然，澤澤陷入了短暫的沈思，我笑著問他：「你在想什麼？」澤澤嚴肅地看著我，問了我一句不知道該怎麼回答的話。

澤澤問我：「爸爸，為什麼我要讀書啊？為什麼不能一直在家裡玩就好了？」

換個角度想

引發孩子讀書動機的好機會

當孩子問了需要人生體驗才可以理解的問題時，用不著說：「問這麼多幹嘛，專心讀書就對了。」「你現在的身分就是學生，不讀書幹嘛？混吃等死喔？」等這些要孩子閉嘴別問的回答，或是「讀書當然是為了賺更多的錢。」「你現在不唸書，以後是想當乞丐嗎？」以金錢當作讀書目的的錯誤價值觀。如此只會讓孩子愈來愈不理解讀書的目的為何，甚至愈來愈排斥讀書與考試。

換另一個角度來看，這或許是個引發孩子「讀書動機」的好機會。

我反問自己，小時候的我都是為了什麼而讀書？為了分數？為了擠進好的大學？還是為了有前途的科系？直到出社會工作了一段時間，才發現讀書的目的不是為了這些。也因為我們經歷過求學階段的讀書，與出社會後的上班總總歷程，自然就懂了「書到用時方恨少」以及「活到老學到老」的真理。

澤澤這時才要升小學二年級，說得太深他聽不懂，完全不說又讓他有被強迫讀書的感覺。我沒有立刻回答，而是在想怎麼說比較能讓他理解。

讀書是為了成為夢想中的人

我突然想到了一件事，於是伸手環抱住兒子，讓澤澤坐在我的大腿上，然後開口問他：「澤澤，還記得上一個學期，你當選模範生的時候，有填寫『我的夢想』嗎？」澤澤點點頭：「記得啊。」我問：「你當時填的是什麼？」澤澤回答：「我的夢想是希望當太空人，飛到外太空去探索宇宙。」我說：「你覺得需要具備什麼樣的能力，才可以當太空人呢？」澤澤想了一想：「太空人要會操作太空梭，可以在外太空飄來飄去，還要知道每一顆星星的名稱和位置。」看來之前帶澤澤去天文館是有幫助的，果然讓他對天文概念有約略的了解。

我順著澤澤所說的繼續問：「太空梭這麼大，要像飛機一樣往天空飛，甚至要離開我們所住的地球，是不是需要非常大的力量才可以讓太空梭飛上去？你知道是什麼原因讓太空梭可以離開地球嗎？」澤澤搖搖頭說：「不知道。」我接著問：「太空梭裡面的儀器很多，而且全部都是英文的。你看得懂跟知道怎麼操作嗎？」澤澤還是搖搖頭：「不知道。」我繼續說：「離開地球是不能呼吸的，所以要在外太空飄，需要帶著可以呼吸的空氣，你知道要帶多少空氣，才足夠讓一個太空人回來嗎？」澤澤當然搖搖頭：「不知道。」

我抱了抱澤澤：「你現在不知道是正常的啦！這些問題其實爸爸也不知道。」澤澤一聽我也不知道，以為我在跟他開玩笑。我接著說：「爸爸雖然不知道太空人的事情，但是關於現在工作上的事情，爸爸可是相當厲害喔。而且爸爸工作上所知道的事情，都是從讀書中得來的。」澤澤似懂非懂的反問：「都是從學校裡學到的喔？」

我抱著澤澤說：「都有，學校是讀書的一種形式與管道。學校有老師，可以教導我們基本的知識。而學校之外，也有許多學問在等我們挖掘跟探索。最重要的是，我們要保有好奇心，時常問為什麼，還有不斷地找尋『好奇心』與『為什麼』背後的答案。」

吸取新知的每個方式都是讀書

我看澤澤似懂非懂的模樣，就更簡化地說：「簡單的說，**讀書的目的，就是讓我們一步一步成為夢想中的人**。澤澤長大後想要成為太空人，那麼現在開始，一切與成為太空人相關的事情都可以學習起來：知道為什麼太空梭可以上太空、學會怎麼操作與看懂儀器、看懂所有天文相關知識等等，滿足你想要成為太空人的好奇心，最後真正成為那個在宇宙中探索的太空人。即使在讀書當中遇到了許多挫折，但這會是引發你為何要讀書，而且不斷堅持到底，相當重要的原因與動機。」

澤澤看我說得興高采烈的模樣，立刻跑去書櫃那邊拿出了天文小百科，很開心的跟我說：「那麼我現在就要開始看！」很快地，澤澤就沈浸在他的天文小世界裡了。

為什麼要讀書？不是在學校上課才叫讀書，而是吸取新知的每一個方式都是讀書。**讀書可以讓我們具備所有的能力，進而成為夢想中的人。**或許，澤澤的夢想會隨著長大而變動，但唯一**不變的是那個「追求讀書的動機」與「探索答案的好奇」，才是成就夢想的不二法門。**

跟著澤爸一起練習親子溝通

當孩子因為好奇而問：「為什麼要讀書？」我們要說：

Tip

句型：「讀書的目的，是可以成為我們夢想中的人。」

他會不會是騙人的？

當孩子內心對需要幫助的人產生了懷疑時，先不要跟孩子說對方一定是騙人的，或是趁機叨念孩子不念書以後就會如何，這些說法只會讓孩子用自己的思維去評斷他人，反倒不會去體諒與同理他人的心境與處境，然後容易用自我感覺良好的善意，說出傷害人心的利劍。

親子情境：路邊的老婦人

大年除夕夜，我帶著花寶與澤澤走往捷運站回爸媽家的路上，遠遠地就看到年約八旬的一位老婦人坐在路邊，心想：「她應該是在等人吧。」當我們經過她身邊時，她面帶笑容一直看著我們。我正覺得莫名之際，發現她的手上捧著一個塑膠碗，腦中浮現了許多的可能性：「她的穿著不像是需要幫助的，但為什麼捧著碗呢？而且還是在大過年的？」此時，這位氣質和藹的老婦人，微笑著我們說：「新年快樂！」我也點頭示意，同時看到碗裡有幾個零錢，於是更加確定了我的假設。

邊走的同時，我一邊盤算著：「要幫助她嗎？」轉過頭去，看到老婦人依然挺直腰桿，卻低下頭，輕聲地嘆口氣。我停下腳步，拿出口袋裡的一百多元給澤澤與花寶，然後指往老婦人的方向說：「把這些錢放到那位阿嬤的碗裡。」澤澤疑惑的看著我，我笑著說：「沒關係，拿過去就對了，然後要記得說『新年快樂』。」澤澤率先跑去，而花寶則是站在原地搞不清楚狀況，我拍拍她說：「跟著哥哥過去，拿給那個阿嬤，然後要說『新年快樂』喔。」很開心有任務的花寶，跟在哥哥後面一起跑過去了。

老婦人看到兩個可愛的孩子跑過來，露出了驚喜的表情。澤澤與花寶沒忘記用爽朗的聲音說出：「新年快樂。」老婦人笑著道謝並稱讚兩小。澤澤與花寶完成任務後，跑回我身邊，老婦人循線看到我，我微笑點頭說：「新年快樂。」她也微笑著對我點點頭。

換個角度想

如果是真的呢？

我們繼續往前走，此時澤澤突然發問：「爸爸，為什麼我們要給她錢？」我想著要怎麼用澤澤聽得懂的話語來回答，然後說：「今天是過年，我們都會跟誰在一起？」澤澤說：「跟家人呀，就跟我們現在要去找爺爺奶奶一樣。」我說：「那麼，找家人做什麼呢？」澤澤：「玩啊，吃飯呀。」我說：「是啊。剛剛那個阿嬤，旁邊有家人嗎？」澤澤想了想，搖著搖頭說：「沒有。」

我繼續問：「那個阿嬤，看起來有像是要去玩、去吃飯嗎？」澤澤還是搖搖頭說：「不像。」我說：「特別是在過年這個時候，這阿嬤沒有要去跟家人吃飯或是玩的樣子，手上還拿著裝有零錢的碗，所以爸爸才想，或許她需要我們幫忙。」

此時，澤澤突然問了我從沒想過他會問的話：「爸爸，那你覺得……她會騙我們嗎？」我恍然一笑，先反問他：「你覺得呢？她會騙我們嗎？」只見澤澤眉頭一鎖，想了一會才緩緩地說：「其實她有家人在等她吃飯，所以有可能是騙我們的。」我說：「這當然有可能，但如果不是呢？」澤澤又陷入了深思，才說道：「如果不是的話，只有一個人在過年，可能是需要幫助的。」

此時，我再次停下腳步，轉過身對著澤澤說：「爸爸不知道那個阿嬤有沒有騙我們。就像你說的，有可能是真的，也有可能是假的，」我頓了一下，接著說，「不過，爸爸只知道，如果被騙，也就這一百多元；但如果是真的，一百多元對於那個阿嬤而言，這小小的幫助，絕對是遠遠的超過這個價值的，特別是在這個應該要與家人相聚的夜晚。」澤澤點點頭，一臉似懂非懂的模樣，跟著我繼續往爺爺、奶奶家前進。

這樣說就解決了！

培養孩子同理他人的契機

當我們看到需要幫助的人，身為父母要先做第一層判斷，假使認為不太像是假裝的，而此時孩子內心產生了懷疑，先不用直接否定他人：「他一定是騙人的，我們不要理他。」或以批評的傷人話語回答：「所以你才要用功唸書，不然你就會跟他一樣。」甚或是帶著高高在上的憐憫之意說：「拿這些銅板去可憐他。」

我們可以試著用孩子能理解的方法說明，以設身處地的反問來幫助孩子思考，藉以投射他人心境與處境，讓善意在孩子心中醞釀。然後，隨著每一次類似事件的練習，都可以讓孩子培養出能同理他人的契機。

除夕夜，與家人們聊天、吃飯、拍照，偶爾又會想起這氣質非凡的老婦人，不知坐在路邊的她背後有什麼故事，期望她往後每一年都可以過個好年。

跟著澤爸一起練習親子溝通

當孩子對需要幫助的人產生懷疑時，我們要說：

Step 1.

句型：「你覺得他會騙我們嗎？」

重點：反問孩子，讓他思考。

Step 2.

句型：「如果是會如何？如果不是，又會如何呢？」

重點：讓孩子更深一層去想兩種不同情況。

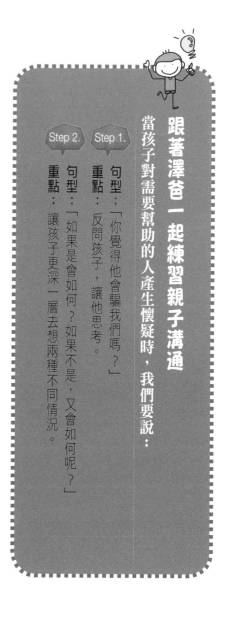

比中指是什麼意思？

當孩子問了一些難以啟齒的問題，與其逃避說你長大之後就會知道，不如直接跟孩子討論，培養他們判斷是非對錯的能力。即使我們無法回答得很完整，或是真的知道答案，但只要讓孩子知道對錯，下一次遇到同樣的問題，他們自然會去尋找答案。

親子情境：高年級孩子的玩笑

「爸爸，比中指是什麼意思啊？」有次騎車載澤澤的時候，他突然問了這個問題。

我先停頓了一下，在思考著該怎麼回答的同時，先反問澤澤一個問題。

「你怎麼會想問爸爸這個問題呢？」

「因為在學校的時候，中、高年級的學生有對我們比過中指。」

「他們是在什麼情況下對你們比呢？」我更加好奇了。

「在操場或走廊上遇到，他們對我們比了中指之後，就笑著說：『哎呀～不能比，不能比。』然後把中指收起來，一群人就笑著離開了。」

「你認識他們嗎？」

「不認識。」澤澤搖搖頭。

看來，這只是男孩們自以為好玩的舉動罷了！並非惡意的挑釁行為。

換個角度想

直接面對孩子的問題

我原本想跟澤澤說：「沒關係，不要理他們就好。」「下次看到了，就閃他們遠遠的。」但這類逃避的說詞並無法滿足孩子，反而會讓他們在不明究裡的情況下模仿這個行為。假使不經意對著知道當中意涵的同學比了中指，後果可是不堪設想。

在這資訊爆炸的年代，唯有正面迎戰這些孩子遲早都要懂的事情，才能夠杜絕他們因好奇而做出更誇張與危險的行為。況且我們避而不談，孩子與同學之間也會討論，或是透過手機與平板電腦查詢答案，我們能逃避到何時呢？

這樣說就解決了！

用孩子聽得懂的方式來說明

「我們每一個人說出來的話，有好聽、也有不好聽的，用手指頭比動作也是。像大拇指向上，意思就是你好棒。」我對澤澤說。

「大姆指向下，表示你好遜。」澤澤立刻反應。

「是的！所以比手指頭就像說話一樣，有好的跟不好的。比出中指有著不好的意思。」我輕鬆地笑了笑。

「那到底是什麼意思啊？」澤澤問

「有點像是我非常討厭你，想用很難聽的話來罵你，甚至有想要找對方打架的意味。」我想了一下，試著用他聽得懂的話來解釋。

「為什麼不直接說，還要用比的呢？」澤澤疑惑地問我。

「有時候情緒一上來，說不出話，用比得比較快。」

「但是我又不認識他們，為什麼要對我比中指呢？」澤澤想了一想，又問。

「他們應該沒有這個意思，但有些人會因為知道真正的意思，故意對比自己小的人做出這個舉動，就是高年級生對你們一樣。其實只是他們以為這樣很好玩。」我回答。

「原來是這樣。」

「所以，當他人對你做出這種自以為好玩的不當行為時，你不要理會就好。」我繼續說，「另外，既然已經知道這個舉動是不好的，我們也不可以對別人做。即使是開玩笑也不行。對自己的同學與朋友這麼做，他們會不喜歡；對不認識的人這麼做，對方會生氣，甚至有可能衝過來打你，這可就一點都不好玩了。」除了跟澤澤講是什麼意思之外，更要講胡亂模仿之後的後果。

「好。我不會亂比的。」

學習是非對錯的判斷能力

現在資訊傳播得太快，有些話題，我料想不到孩子會在小學時就發問，但我始終秉持「**讓孩子學習是非對錯的判斷能力**，**遠比避而不談來的重要許多**」的態度。但有些孩子還不需要知道的，就不用多做解釋，例如，我很不喜歡大人對孩子開玩笑：「你在學校有沒有男（女）朋友啊？」這樣的問法是鼓勵孩子去交男（女）朋友嗎？

另外，與孩子說明時，切勿解釋得太深，只要用符合他年齡可以略微了解的意思去講解即可。因為講太多，不懂會更加不懂，並衍伸更多的「為什麼」，然後使我們招架不住罷了。只要讓孩子知道什麼是對、什麼是錯，下次遇到時，他在腦中可以產生判斷的能力，以及保護自己的機制就好。日後，隨著孩子的成長、吸收與領會而產生更多疑問時，我們再作解答即可，不用急於一時。

畢竟，孩子每一次的問題，都在考驗我們的反應呢！

跟著澤爸一起練習親子溝通

當孩子問我們比中指或髒話的意思時，我們要說：

Tip

句型：「我們說出來的話，有好聽、也有不好聽的話。用手指頭比動作也是如此。」

為什麼大人可以？而我不行？

當孩子漸漸大了，行為語言能力發展愈來愈好，開始會對於我們所建立的規矩與行為產生質疑：「為什麼大人就可以，而我不行？」此時，我們要用孩子能聽懂的方式，告訴他「大人與孩子的差別」以及「我們放任你做這件事的後果」。如此，孩子才會聽進心裡，做出口服心也服的理解，與發自內心的認同行徑。

親子情境：為什麼不能喝可樂？

某一次，全家一起去餐廳用餐時，我們每人各點了一份套餐。

「附餐的飲料，我要可樂。」我在點餐時跟服務生說。

「我也好想喝可樂。」澤澤聽到了，對我說。

「不行，小孩子不能喝可樂。要喝飲料的話，請選擇果汁或檸檬茶。」

「為什麼你們大人就可以？而我不行。」澤澤抗議著。

換個角度想

過與不及

生活中，我們會禁止孩子做某些事，像是轉換電視頻道時，看到不適合孩子的節目，會立刻轉走或叫他們不准看；糖果零食，爸媽想吃就自己拿，但孩子想吃的時候，卻被規定要詢問。此時，孩子難免會大聲抗議：「為什麼大人就可以？而我不行。」

有的爸媽聽到這句話後，認為應該以身作則，不准孩子做的事情，自己也不能做，甚至失去自我也沒有關係，於是不喝飲料、不買餅乾糖果、電視機也收起來。當然這沒有不好，只要大人心裡不覺得委屈或犧牲即可。

有的爸媽面對這句話不知該如何解釋，只好大放送，給孩子喝可樂、看節目不過濾、與孩子一起大吃糖果零食。講得好聽叫「尊重」，實際上卻是「放任」的行為。放任的結果，就是孩子正餐不吃，身體健康出狀況、嚴重蛀牙，以及接收不當的資訊而過度成熟。

有的爸媽知道要堅守規矩，但是不知道該如何解釋，於是對孩子說出「對！因為我是大人」、「小孩就是要聽大人的」這類毫無說服力的說詞，讓孩子口服心不服，一有機會就去做大人禁止的事。

以上這些狀況，相信都不是我們所樂見的。

這樣說
就解決了！

很多事情只有小孩才可以做

「為什麼你們大人就可以？而我不行。」點餐的時候，澤澤問了我這句話。

「因為大人、小孩本來就不同。」回到座位上，我跟澤澤說。

「為什麼？哪裡不同？」澤澤再次反問。

「像是很多事情，只有小孩子可以做，但大人不能做。」我說。

「什麼事情？」澤澤繼續追問。

「去兒童樂園，是不是很多設施只有你跟妹妹可以玩？爸爸跟媽媽在幹嘛？」換我反問他。

「在旁邊陪我們。」澤澤笑了一下，似乎有點聽懂了。

「玩具量販店，主要是讓誰去逛的？」

「嗯……小孩子。」

「親子館只有六歲以下的遊戲，大人根本沒事做。帶你們去看兒童舞台劇，我們大人其實看得很無聊，」我又舉了幾個例子，「所以，很多事情在本質上就有適合大人或孩子的差別，像是可樂、餅乾與糖果影響小孩的健康程度比大人更多；看到不適合看的電視節目，小孩會產生莫名的恐懼與害怕，然後晚上做惡夢、不敢一個人在房間等等。這就是為什麼有些事情『大人可以，但小孩不行』。」

「知道了，我還是乖乖的喝柳橙汁吧。」

「你明明知道為什麼，但就是要試試看有沒有機會。」我摸摸他的頭，澤澤吐了吐舌頭，表示被爸爸發現了。

做個自在又快樂的爸媽

不要因為孩子的存在，過度改變自己；不要因為孩子一句抗議之聲，就百般束縛自己。明明很愛看電視，卻為了孩子把電視機收起來；喜歡囤積餅乾零食，嘴饞時可以吃一點，卻為了孩子全部都藏起來。當然，身為爸媽需要作出妥協，像是減少打開電視的次數、趁孩子上學或睡覺時才拿出零食等，但是絕非讓自己的嗜好全部消失。

畢竟，爸媽若為了孩子而失去自我，生活也會減少許多快樂。有自在又快樂的爸媽，才會有自在又快樂的孩子。

跟著澤爸一起練習親子溝通

孩子對大人的行為產生抗議時：「為什麼大人就可以，而我不行？」我們要說：

Step 1.

句型：「很多事情，只有小孩子可以做，但大人不能做，像是……」

重點：舉例大人與孩子的差別。

Step 2.

句型：「可樂、餅乾與糖果影響小孩健康的程度比大人更多。小孩吃太多的話，可能會……」

重點：說出大人讓孩子做的後果。

人為什麼要活著？

當孩子問的問題範圍太廣，或是已經到達哲學層次，很難用大人的話語說明時，不如舉生活中的例子，引導孩子更好理解，以免孩子從網路或是從其他管道尋找，反而學到了不合適的答案。

認真而實事求是的引導孩子去思考這些人生大哉問，或許當下不會有任何結論，但更珍貴的是為他們建立自己尋求解答的思考模式。

親子情境：孩子詢問生死問題

有一天，澤澤突然問了我與老婆一個頗有哲理的問題。

「媽媽，人為什麼要活著啊？」澤澤問。

「怎麼了嗎？」老婆有些驚訝澤澤會問這類的問題。

「人不是都會死嗎？」澤澤用純真的眼神問著。

「是啊，然後呢？」

「既然人都是會死的，為什麼要出生呢？」

「你怎麼會問這個問題？」我好奇他是從哪裡想到的。

「就突然想到而已。」澤澤不以為意的樣子。

換個角度想

與其找到錯誤答案，不如大人先引導

孩子漸漸長大了，對於「人」自然地會產生許多似懂非懂的好奇心，像是關於成長、人體、異性的差別等。「我是怎麼出生的？」「為什麼男生與女生尿尿的地方長得不一樣？」「大人為什麼要上班？」這一類的問題會隨著好奇心逐漸萌芽而向我們提出。

假使我們用逃避與閃躲的態度回答：「你現在問這個幹嘛！」「你長大之後就會知道了。」「不知道，去問你爸爸。」以現在資訊如此發達的年代，孩子可能從網路或同學那邊獲得不合適的答案。

比起講孩子聽不懂的大道理，還不如用生活案例來簡單的提點他。

這樣說就解決了！

用生活案例來解釋

我想了一下該怎麼回答，但是先試著反問澤澤。

「兒子，你覺得呢？為什麼人要活著？」

「不知道。做自己喜歡的事情嗎？」澤澤小小的思考了一下。

「不錯，很棒的答案。喜歡的事情，像做什麼事情呢？」

「看書、玩玩具、看電視、跟爸爸打球、全家出去玩……」澤澤講了一堆他喜歡做的事情。

此時，我腦中想到了可以拿生活中的事情向他舉例解釋。

「爸爸問你另一個問題，你會不會吃東西？」

「會啊。」澤澤點點頭。

「那吃完之後會不會大便？」

「當然會。」澤澤又點點頭。

「既然都是變成大便，那為什麼要吃好吃的東西呢？」我看著他。

「嗯……」澤澤呈現一副思索狀。

「爸爸再問你，我們吃到美食的感受是什麼？」

「很好吃、很享受、很開心、很滿足。」澤澤回答。

「既然我們吃的東西都會排出來，為什麼還是想吃美食呢？」

「因為吃東西的感受？」

「沒錯，重點是吃東西的過程。」我緩了一口氣繼續說。

「所以人活著也是如此。每一個人都會死，但只要活得開心、滿足、享受，即使最後死了，也相當值得。」

「怎麼樣能活得開心、滿足跟享受呢？」

「就像你一開始說的，『做喜歡的事情』就很不錯。然而，每個人的感受不一樣、每個階段的責任不一樣、每個年齡的領悟也不一樣，需要你自己來體會與找尋。」

「爸爸，你的體會呢？」澤澤問我。

「以前的我還無法體會，直到我當了親職講師與作家之後，感受到很大的成就感、滿足感與價值感。我把我喜歡做的事情變成了一個志業，特別是演講時看到了台下的爸爸、媽媽們，因為我的分享而有所收穫與領悟的時候，這種美妙的體會是任何金錢都換不來的。」我滿心歡喜地分享著。

「所以做喜歡的事情，不一定只是在玩囉？」

「是啊。人雖然活著，但隨著長大會有不同的責任在身上。把自己喜歡的事情，賦予在對自己與他人的責任之上，就是一個很美好的事情。像爸爸現在開心、滿足與價值的感覺，就來自於對社會的貢獻跟回饋。」

「嗯……」澤澤一副似懂非懂的模樣。

「好啦，沒關係。等你長大，慢慢再懂就可以了。」我拍了拍他的頭。

用問題讓孩子思索

當孩子問了難以回答的問題時，我們要先懂得反問孩子，而不是一股腦的告訴他一堆解釋，因為這麼做，孩子的腦袋不會轉動，他會因此放空。唯有反問，才可以把問題丟給孩子去思索，進而產生交流。畢竟，懂得思考比單純的聽更為重要許多。

接著，我們要用生活當中的應用去舉例說明，讓孩子有所體會。我們的懂是經歷過了人生歷練的領悟，而孩子還沒有這些經驗，所以用人生大道理的講述方式，只會讓孩子無感。假使又講很久，只會讓孩子想要逃開，下一次也不敢再問了。

有體會的生活舉例，能讓孩子真正地明白與了解，進而產生並建立基本概念。最後，更重要的是孩子在成長路上，自身的找尋與探索。

跟著澤爸一起練習親子溝通

當孩子問了難以回答的問題時，我們要說：

Step 1.

句型：「你覺得呢？」

重點：先試著反問孩子，讓他去思考

Step 2.

句型：「我問你另一個問題……」

重點：用生活的應用來舉例。

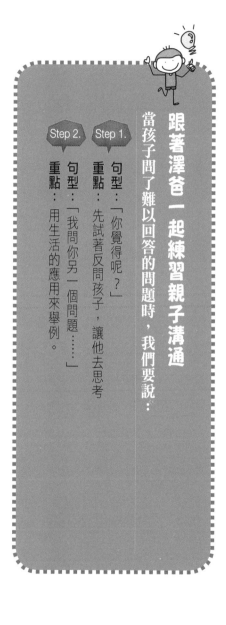

爸媽，可以請你幫我嗎？

在家裡，孩子有時候會請我們幫忙，但可能說得很簡略，甚至有點不尊重，這時就要糾正孩子的說話方式。

我們相當願意幫孩子任何忙，而孩子也可以直接提出需求或詢問，但不應該帶著命令的口吻；我們會苦口婆心地教導孩子許多道理，而孩子也可以闡述他內心的想法，但不能用敷衍與不耐的態度。

因為我們是孩子的爸媽，不是傭人。

親子情境：孩子要求爸媽幫他做事

「爸爸，我好渴喔。」澤澤吃飯時，突然說出這句話，但眼睛卻看著桌上的菜。

「所以呢？」我轉過去看著他反問。

「我想喝水。」此時才與我對到眼。

「去倒啊！」

「我想要爸爸幫我。」

「請問你希望爸爸怎麼幫你？」我刻意問他。

「幫我倒水。」

「當然可以。不過，整句話應該要怎麼說呢？」

「爸爸，可以請你幫我倒水嗎？」

「沒有問題，爸爸很樂意幫你的忙。不過，請你下次直接講整句話，而不是說一句『我好渴喔』，彷彿我就要猜懂你的意思。了解嗎？」

「好的。」澤澤點點頭

換個角度想

別忽略孩子不尊重的話語

有時候，孩子對我們說話會過度省略，甚至不帶尊重，用簡單的命令口吻期望爸媽幫他做，然後我們要去猜測他話中有話的意涵。

有些爸媽並沒有意識到這麼做有什麼不對，孩子一句簡單的命令話語就立刻去幫他們做了。

這樣說就解決了！

「媽媽，好重喔。」「來，包包給我。」

「爸爸，我好熱喔。」「我來開冷氣。」

「這個看起來好好吃喔。」「好，給你吃一個。」

包括我們跟孩子對話的當下，孩子用敷衍與不耐的方式來回應。

「爸爸剛剛講的，你知道了嗎？」「嗯。」

「所以，你下一次就要……」「好啦，我都知道，你不要再講了！」

雖然這都不是故意的，卻是略為不尊重爸媽的言語。接下來，孩子會把對爸媽的這些回應衍伸到其他同學、長輩還有師長身上，因為他們從來都不知道這是需要修正與導正的行為。

用反問的方式來教導

當孩子對我們下了簡單的指令，或是用敷衍的態度來回應，我們只要反問就好了。

「媽媽，好重喔。」

「然後呢？」

「我好累，可以幫我拿一下包包嗎？」

「爸爸，我好熱喔。」

「你的意思是？」

「請問可不可以開冷氣？」

「這個看起來好好吃喔。」

「對啊。那……你想要表達什麼？」

「我可以吃你正在吃的東西嗎？」

「爸爸剛剛講的，你知道了嗎？」

「嗯。」

「什麼『嗯』，請看著我說『知道』。」

「爸爸，我知道了。」

「所以，你下一次就要……」

「好啦，我都知道，你不要再講了！」

「不能說『好啦！』請你好好的再說一次。」

「媽媽，妳說的我都知道，我下一次會做到的。」

「對，這樣講才正確，聽的人會比較舒服。」

當孩子說了正確的話語時，我們更要大聲的稱讚：「對，這樣講就對了。」「沒錯，爸爸希望聽到你這樣跟我說話。」

孩子先尊重父母，才會尊重他人

讓孩子知道，我們會幫他是因為愛他，我們會教他也是因為愛他，但是不能將爸媽做的事視為理所當然。所以孩子的回應必須尊重爸媽規矩的界線，這絕對是我們需要教他的。當聽到孩子的命令與敷衍，用不著生氣，但要留意，然後一次次的教導他就好。

爸媽，是讓孩子學習尊重他人的起點。期望孩子懂得尊重他人，首先要教他如何尊重父母，因為我們是孩子對外連結的起跑線。

跟著澤爸一起練習親子溝通

當孩子跟爸媽說：「我好渴喔？」我們要說：

Tip

句型：「所以呢？希望爸爸能怎麼幫你？」

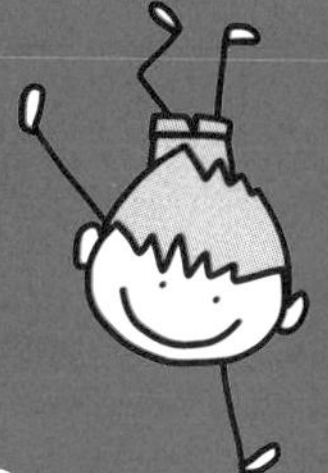

PART 5

「不說話」的五種溝通方式

耐心傾聽，陪孩子度過情緒期

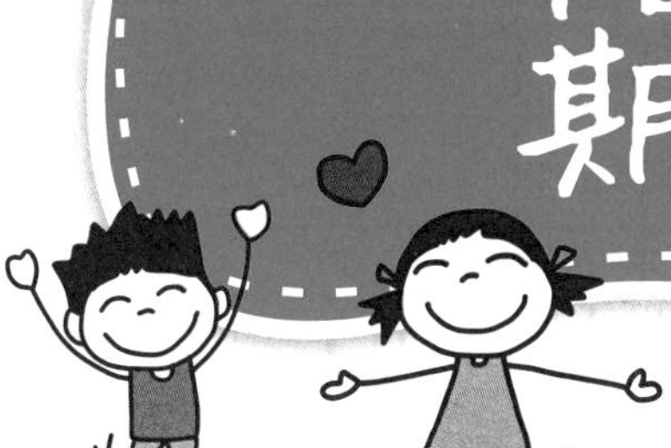

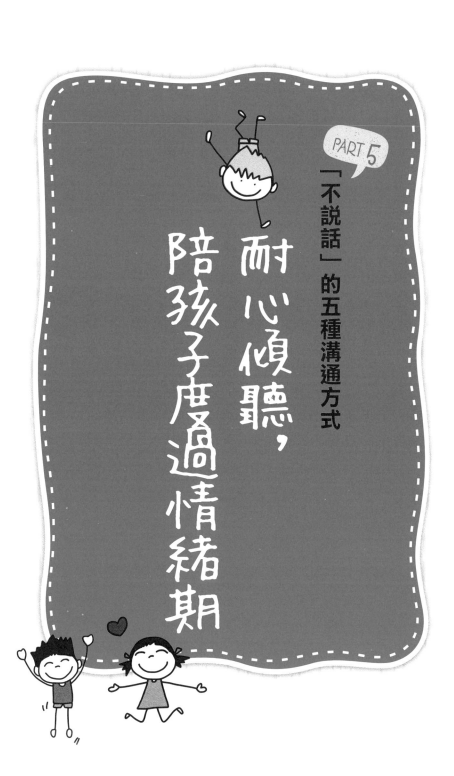

爸爸與媽媽兩個角色，一般而論，媽媽比較會聽孩子說話。爸爸不是「嗯、嗯、好啦！」結束對談，不然就是長篇大論。於是孩子漸漸地不知道該跟爸爸說什麼了。然後，孩子搬出去住之後，打電話回家，電話那端傳來爸爸的聲音，孩子反射地說了這句：「爸喔，媽在嗎？」畢竟，孩子長久以來都是「聽」就好了，不能「說」，最後就變為「不想說」了。

親子之間的雙向溝通，「聽」是最重要，卻也是最難辦到的一件事。

聽孩子說話，會讓他感受到我們的陪伴。

聽孩子說話，會讓他體會到我們對他的認同。

聽孩子說話，會讓他產生我們懂他的感覺。

聽孩子說話，會讓他講很多很多的話。

聽孩子說話，會讓他喜歡跟我們講話。

傾聽，是不打斷、不批評、沒有主觀評論與預設立場，只有眼睛看著對方的專心、仔細聆聽著每字每句、傳遞出我好喜歡聽你說話的氛圍。

很愛發表高見的人，周遭滿是趨炎附勢的附和者；喜歡批評他人的人，眾人避之唯恐不及；會傾聽他人說話並且作出適當回應的人，肯定是朋友群中最令人思念的一個。

讓我們試著不說話，成為孩子長大後最思念、有事情會先想要找我們分享的爸媽。

孩子在哭鬧時，請陪伴他哭完

哭，是孩子最正常與普通的宣洩方式，而且隨著年齡漸增，孩子的內心會變得更堅強，哭泣的次數愈來愈少，所以孩子願意在我們面前哭是相當珍貴的一件事情。

親子情境：孩子因遊戲而哭泣

〈案例1〉

「爸爸，我的玩具呢？」花寶翻著她的玩具箱，對著我大喊。

「我不知道，妳不是之前在玩嗎？」

「但是我找不到。」花寶有些心急，翻箱倒櫃的動作變大了。

「妳想一想，上次玩完後，放在哪裡啦？」

「它壞掉了，我的玩具不能玩了啦！」

雖然花寶找到了她的玩具，卻因為零件折斷不能玩而開始放聲大哭。

〈案例2〉

「哥哥，我想要當鬼。」一群孩子們在玩遊戲，花寶自告奮勇說要當鬼。

「不行，妳之前已經當過了，要換別人了。」澤澤堅持要照順序輪流。

「那我不要玩了。」花寶聽到要求被拒絕，轉為生氣。

「好啊，妳就不要玩。」

「哇～哥哥說我不要玩啦。」花寶立刻大哭了起來。

換個角度想

孩子的情緒就像一座小火山

不管是大人還是小孩都有情緒，若把情緒比喻成火山，大人的火山比較大，也就是說，比較能囤積與壓抑情緒。而且成長以來的經驗累積告訴我們，當感覺到內心的火山快要噴發、正在冒煙時，趕緊使用適當的宣洩方法，像是跑步、聽音樂等，就能讓火山稍稍降溫。所以當一個人年紀愈大，哭泣與流淚的次數愈少。

但是小孩的火山比較小，很容易被大人搞不懂的小事所產生的情緒給裝滿，而且因為沒有經歷過其他宣洩方法，所以一旦不高興、難過、生氣、緊張、害怕的情緒在內心湧出時，只會用唯一的招數來宣洩——哭泣與吵鬧。

當孩子大哭起來，爸媽或許會覺得很吵，第一個反應往往是說出不准孩子哭的命令與威脅，像是「不准再哭了」、「再哭試試看」、「再哭就不抱囉」；有的爸媽覺得這點小事有什麼好哭的，然後說出毫不在意的言語，像是「這有什麼好哭的」、「一直哭有用嘛」，甚至對著男生說：「男孩子還哭喔，羞羞臉。」

先搞定情緒，再處理事情

當孩子在哭鬧，也就是宣洩情緒時，千萬「**不要在孩子哭鬧時講道理**」，因為情緒火山在爆發時，腦中的反抗機制會自動開啟，這時孩子的耳朵是聽不進任何話語的。我們愈說，孩子愈不想聽，還會有狡辯、頂嘴、放空與摀住耳朵等回應。

所以當孩子哭鬧的時候，爸媽要做的不是講道理、威脅、不在意或要求孩子不准哭，而是要**先描述孩子的情緒，然後陪伴他哭完**。

「你的玩具壞掉了，一定很難過，過來~爸爸抱抱。」「哥哥說妳不要玩，當然會生氣囉。」沒有說孩子的哭是對還是不對，只是把我們看到的情緒與情境描述出來，讓孩子有種被同理的感覺。

接著，再跟孩子說「我陪你哭完」、「等你哭完，我們再說」，直到孩子的情緒穩定了為止，傳達給孩子知道「我會陪伴著你，把情緒發洩完」。

所有造成孩子哭鬧的原因，都等他哭完後再釐清與處理即可，毋須急於一時。唯有孩子在傾倒情緒時，感覺到有人理解，以及最信任的人陪在身旁一起面對，情緒才比較容易平復。接著，反抗機制關閉，孩子的耳朵願意聽進我們的道理，也更加願意告訴我們發生的過程與原因。

學會正確宣洩情緒的方式

雖然我們同理孩子的情緒，並陪在他身旁一起度過，但前提是不能夠打擾到別人，因為「**情緒本身沒有對與錯，只是有沒有影響到他人**」。若是孩子哭鬧的情緒太過於激動，甚至出手打人或丟東西，這時就要抓住孩子的手直接制止說：「你可以生氣，但不能打人。若很想搥東西，請你搥枕頭。」或是孩子哭鬧的情緒太久、哭聲太大而影響到旁人，我們要說：「你可以難過，但是不可以讓別人感到不舒服。若你還想再哭，爸爸帶你到不影響他人的地方繼續哭。」

同理孩子是對的，陪孩子哭完是好的，但更重要的是教他正確宣洩情緒的方式。從不影響到他人，再進一步找到最適合自己的宣洩方式，孩子長大後才能真正成為一個情緒控管良好的成人。

跟著澤爸一起練習親子溝通

孩子在哭鬧時，我們要說：

Step 1.

句型：「你的玩具壞掉了，一定很難過。」

重點：同理孩子的情緒。

Step 2.

句型：「我陪你哭完。」

重點：陪同孩子一起面對。

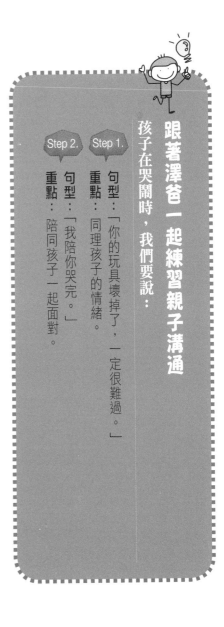

孩子沮喪時，請同理並支持他

隨著孩子年紀漸長，他內心會產生許多情緒，有時甚至連他自己都不知道為何會心情不好，只覺得不開心，但要他講也講不出來原因。特別是到了青春期，孩子會有更多事情藏在心裡，只願意跟朋友講，不想跟爸媽說；只願意悶在心裡思索，不想在爸媽面前示弱。

親子情境：孩子不想說話

有一次接澤澤放學，他的表情有些悶悶的，我想他可能是上了一整天的課有點累，於是一路上找很多話題跟他聊。

「你今天都在幹嘛？」我問。

「沒有幹嘛！」澤澤依然悶悶地回覆。

「下課有跟某某某去打籃球嗎？」我換個話題。

「有啊。」

「打得怎麼樣呢？」同樣的話題再問得深入一些。

「沒有怎麼樣。」澤澤只是簡單的回應了我而已。

「剛剛上完足球社團的課，會累嗎？」我再換一個話題。

「還好。」澤澤又給我一個句點。

「今天有分組比賽嗎？」

「有啊。」

「你的那一組是輸還是贏啊？」

「輸了。」澤澤說

「你有踢進球嗎？」

「……」澤澤突然不說話了。

「怎麼啦？爸爸感覺到你似乎心情不太好。」我搭著澤澤的肩，低頭看著他。

「嗯。」澤澤點點頭。

「要跟爸爸說，發生什麼事情了嗎？」

「不要，我不想講。」澤澤說完，繼續低著頭往前走去。我看著澤澤的身影，突然有種他已經長大的感覺。

換個角度想

對孩子放手

當孩子內心有情緒而不願意跟我們說的時候，千萬不可以強迫他一定要說出來：「到底發生什麼事情了，你給我講出來。」或者半帶威脅的口吻：「好啊，不想講是不是？以後你想講，我還不想聽呢！」這麼說只會讓孩子更加把事情深深地藏在心底。

當孩子成長到另一個階段時，爸媽需要做的絕對是「放手」，也就是讓他保有些許的私人空間與想法，但**在放手的同時，也要給予同理與陪伴的感覺**。

這樣說就解決了！

等待孩子自己願意說

「兒子啊。」我追了上去，伸手摟著澤澤的肩膀。

「嗯。」澤澤抬起頭看著我。

「爸爸知道你的心情不好，不想講沒有關係。但是只要你願意告訴我，我一定會陪你面對這件事情。」我相當認真的看著兒子，說完這句話。

「好，謝謝爸爸。」

接著，我們父子倆一聲不吭地回到家，彷彿剛剛的對話沒有發生過似的，但我卻是默默地在等待澤澤願意說的那一刻。

「爸爸，你現在有空嗎？」澤澤吃完飯後，自己跑來找我。

「當然有空啊，怎麼了？」我立刻把電腦放置一邊，全心全意的看著澤澤，我猜想他應該是要講今天在學校發生的事情了。

「你之前不是問我發生什麼事情嗎？」澤澤說。

「對啊，到底是什麼事情，讓我的寶貝兒子這麼悶？」

「我今天踢足球的時候，被高年級的人笑。」

「為什麼要笑你？」

「因為我踢不到球，他們笑我踢得很爛，最後比賽輸了，他們都來怪我。」澤澤講到當時的情景，似乎還是有些難過。

「是喔，他們怎麼這樣？原來是你被笑了，難怪會這麼難過。」我心疼兒子，給他一個大大的擁抱。

「說出來後，心情有好一點了嗎？需要爸爸為你做些什麼嗎？」我再問。

「現在沒事了，謝謝爸爸。」澤澤對著我淺淺地微笑。

「沒事就好。爸爸真的很高興，謝謝你告訴我這件事情。」我再抱了澤澤一下，他就去做自己的事情了。

支持孩子，讓他卸下心防

「爸爸知道你的心情不好，不想講沒有關係。」表達的是認同孩子的情緒以及尚不願意說出來的「同理」；「只要你願意告訴我，我一定會陪你面對這件事情。」傳達的是我們絕對會在你身旁，給予親情力量的「陪伴」。

心裡有事的孩子，感受到我們真心的「同理」與「陪伴」，體會到「爸媽真的很了解我」與「爸媽會永遠支持我」的感覺，相信就會卸下心防，發自內心的自願來找我們傾訴。

一旦孩子願意鼓起勇氣走到爸媽身邊，準備把不願意說的事情說出口時，若爸媽依然只顧做著自己的事，一副毫不在意的樣子，讓孩子站在一旁空等，或是心不在焉的聆聽，這些反應只會讓孩子感到後悔，未來更加不會對大人說心事了。

所以，不管我們是使用電腦、滑手機、看電視或講電話，請務必把手邊所有事情放下，把孩子的事放在第一優先順位。強烈地給予孩子「你的事情對我而言，永遠都是最重要」的感覺，如此，孩子會更加信任我們，心中很多事情都願意跟我們說。

最後，別忘了說：「謝謝你告訴我這件事情。」這句神奇的話可以讓我們與孩子的心產生無可取代的親情連結。

跟著澤爸一起練習親子溝通

當孩子心情沮喪卻不願意跟我們說，我們要說：

Step 1.

句型：「我知道你的心情不好，不想講沒有關係。」

重點：表達對孩子的同理心。

Step 2.

句型：「只要你願意告訴我，我一定會陪你面對這件事情。」

重點：傳達陪伴孩子的意願。

Step 3.

句型：「謝謝你告訴我這件事情。」

重點：與孩子產生情感連結。

孩子覺得大人不懂他時，傾聽並討論出共識

不管是在演講後，或是粉絲團來信，我收到非常多爸媽們的困惑與疑問，不過我發現許多爸媽詢問親子溝通的問題，很多都不是真的想知道如何與孩子做到雙向溝通，只是想要快速得到「讓孩子不要再吵的方法」或「快速說服孩子的祕招」，也就是想要我教他們如何讓孩子都聽爸媽的。

親子情境：小孩子懂什麼？

有一次在某個小學的演講結束後，一對爸媽走過來詢問我一些教養問題，他們高年級的孩子則是遠遠地站在一旁，裝作一副不在乎的模樣。

「澤爸，請問有什麼方法可以讓孩子多花點時間在課業上？」爸爸問我。

「怎麼了嗎？」我問。

「他的成績不好，我們想花錢讓他補習，他還不願意去！」媽媽接著說。

「對啊，真是不知好歹，多少人想要補習還沒有錢呢，實在是人在福中不知福。」

爸爸在一旁立刻幫腔。

「搞不好你孩子的興趣不在這邊，可以陪著他一起去找。」我用緩和的方式來回答。

「興趣可以當飯吃嗎?!每天在家不讀書，都不知道在幹嘛，實在是浪費時間。」爸爸的口氣略帶不悅。

「什麼浪費時間，我想要做的事情，你們都不准。我什麼都不做，你們又嫌我。」站在遠方的孩子，忍不住走過來插話了。

「你想要做的那些事都是沒有用的、對將來沒有幫助的。假使我答應你，花錢讓你去學，我才是發神經了。」爸爸立刻嗆回去。

「算了！我不要說了，你們都不懂啦。」那孩子漲紅了臉，又退回原本的位置。

「你才不懂，小孩子懂什麼啊！」爸爸更加生氣地伸手指著孩子，而我則是一臉尷尬的趕緊兩邊緩頰。

換個角度想

親子溝通的警訊

當聽到孩子對爸媽說「我不要說了，你都不懂啦」的時候，絕對是個很重大的溝通警訊，這句話傳達的深層意涵是：「**我曾經努力想要跟爸媽溝通，但是發現完全沒有效果。於是，我決定從現在開始不再溝通了。**」

若爸媽在此時又以高姿態回應孩子：「你是我生的，我怎麼會不懂？」「你才不懂，小孩子懂什麼！」只會讓孩子更加堅定不要和爸媽表達任何想法的信念。之後，想要再度打開孩子的心門，絕對是難上加難了。

這樣說就解決了！

聽孩子說，比對孩子說更重要

孩子對我們說的話不認同時，說出：「我不要說了，你都不懂啦。」爸媽要做的第一步，是檢視自己與孩子的對話狀況。有一種對話狀況是軍事化管理，孩子對於爸媽的「命令」只有聽話一條路；另一種則是假民主，表面會聆聽孩子說話，但聆聽的目的是為了要說服而非討論。這兩種狀況，都會讓孩子認為爸媽根本不想懂我。

爸媽唯有真正地把孩子的話聽進去，適度的表達想法，一起討論出「共識」，才是真正的溝通。畢竟，**溝通的本質，不在於講的人講了多少，而是在於聽的人聽進多少。**

有了親子共識的經驗累積，孩子才會把爸媽的好意給細細咀嚼。

第二步則是跟孩子說一句很重要的話：「我很想懂你，請你說說看，我在聽。」然後，孩子願意說的時候，請不要打斷與插話，也不要批評與指責，更不要展露出不耐煩與認為很幼稚的表情。有耐性且真心地把孩子的話全部聽完後，說一句：「我知道了。謝謝你願意告訴我這些事。」

接著，切忌連著說「不過……」、「但是……」想反駁孩子剛剛所說的話，而是要說：「你覺得爸爸、媽媽可以怎麼做呢？」最後，有任何想法也多用疑問句來包裝：「你花這麼多的時間去練習跳舞，課業有辦法做得完嗎？」把問題丟還給孩子，讓他自己去試著思考與學習處理。因為孩子長大了，很多時候，我們只需要聽他說就好。

親子共同成長的路上，聽孩子說，絕對比對孩子說，來得更為重要。

與澤爸一起練習親子溝通

孩子對於我們說的話不認同，說：「我不要說了，你都不懂啦。」我們要說：

Tip

句型：「我很想懂你，請你說說看，我在聽。」

孩子想像時，順著他的話去說

當孩子天馬行空的跟我們述說他的想法時，不要用大人的角度來評論，然後跟孩子說他的想法不可能或是很幼稚，這樣反而會扼殺孩子的創意。而且被大人吐槽後，孩子以後有任何想法也不想再跟爸媽說了。

親子情境：我要飛去美國

機場捷運剛試營運沒多久，我帶著澤澤與花寶去體驗新的捷運路段。從車站入口進去，走上電扶梯，澤澤與花寶掛著滿臉新奇的笑容，從上往下俯瞰著整個大廳。

「我們要坐去哪裡啊？」花寶問。

「捷運的機場第二航廈站。」我回。

「從那邊就可以直接到機場嗎？」花寶充滿好奇地在電扶梯上轉頭問我。

「可以啊。」

「喔耶～我等一下要直接飛去美國。」花寶開心地大叫。

「妳現在要去美國啊，那我們應該要先回家拿護照。」我笑著回她。

「不用，等一下躲在其他的人的行李箱就可以了。」花寶說。

「妳擠得進去嗎？要飛很久喔。」

「當然可以，爸爸，你看。」花寶當場彎腰蹲下，在捷運大廳展現她柔軟的腰力。

「好，爸爸相信妳。妳抵達美國之後，想去哪裡啊？」我趕緊拉花寶站起來，繼續順著她的話說。

「我一到美國，就要立刻去迪士尼樂園玩。」

「這麼快，不休息一下喔？」

「不用，因為迪士尼樂園就在美國機場的外面，一打開門就看到了。」

「原來在隔壁。」

「是啊，我到迪士尼樂園後，要去找米妮玩，因為我已經打電話跟她約好了。」

「妳居然有米妮的電話！我怎麼不知道？」我裝出驚訝的表情。

「因為她是我的好朋友。」

「原來如此。」

「還有啊……」從走進捷運一直到達目的地，花寶的話匣子一路沒有停過。

換個角度想

不要用現實回應孩子的創意

假使前述情境中，花寶說的每一句話，我們都以現實世界的角度來回應：「我們不可能現在去美國。」「躲在行李箱，別傻啦。」「迪士尼樂園不是在機場外面。」「妳怎麼可能會有米妮的電話。」接著，孩子或許會回答：「真的有啦！」「爸爸，我當然知道不可能。」「我不想再繼續說了啦。」因為孩子感受到的是反駁或吐槽，而這些都會促使親子之間的對話劃下句點。

這樣說就解決了！

傾聽並回應孩子的想像力

孩子的思維是相當富有想像力的，愈小的孩子愈是如此。他的內心當然可以分辨現實與想像的差別，但就是喜歡遨遊天際的去觸摸無限擴展的邊界，反而是大人世界的對話侷限住他了。所以，不管多麼的天馬行空，無論從經驗來評估是多麼的不可能，我們只要傾聽，然後順著孩子的話去說就好了。

孩子的話，可能是充滿創意的展現：「我想要做出一個任意門，一打開就可以到世界的任何地方。」我們要說：「好啊，到時要記得帶我一起去。」

孩子的話，可能是對自我的自信之詞：「我這次比賽一定要得第一名。」我們要說：「我相信你一定可以做到。」

孩子的話，可能是尚未符合邏輯的稚氣推理：「我覺得哥哥因為太想要回家找我玩，所以才會一打鐘就馬上離開教室，然後忘記把水壺帶回來了。」我們要說：「你這麼說似乎挺有道理的。」

順著孩子的話去說，除了可以建立起讓孩子願意跟我們說話的基礎之外，更能開啟他們無限的想像力、給予他們強大信任感的支持，還有賦予他們勇於表達的肯定。

與澤爸一起練習親子溝通

孩子對我們說：「我等一下要直接飛去美國。」我們可以說：

Tip

句型：「好啊，等一下到美國後，想要去哪裡呢？」

孩子分享時，不要預設立場或吐槽

孩子跟我們分享任何事情時，從對談之中，若我們意識到某些疑惑或是玩笑時，都要先忍住不說出口。此時，我們要做的絕對是「傾聽」與「回應」即可，因為能夠讓孩子一直把心事對我們傾吐，才是最重要的事。

親子情境：大人不了解就先猜測

「爸爸，我今天發生一件不太好的事情。」放學回家的路上，澤澤跟我分享學校的事情。

「什麼事啊？」我問。

「我被老師處罰了。」澤澤說。

「你一定又在上課時講話了，對不對？」澤澤只要被老師處罰，多半都是因為上課說話，所以我直接以預設立場做出猜測。

「不是啦！我沒有講話。」澤澤否認。

「真的？」我半開玩笑地說。

「真的啦！不是因為上課講話被處罰。」

「不是因為講話，那是什麼事情呢？」我問。

「我不想講了。」這下子反倒換澤澤不想分享了。

「幹嘛不想講啦？爸爸想聽啊。」我知道我猜錯了。

「既然爸爸覺得是上課講話，那就這麼認為吧。」澤澤賭氣地回答。

雖然澤澤最後還是有跟我說發生了什麼事，但這個經驗讓我對於親子溝通又多學到了一課。

換個角度想

損害親子溝通的預設立場

「我今天想要去圖書館念書。」

「去圖書館？怎麼可能！你一定是跟同學約好要出去玩吧！」

「我剛剛跟妹妹吵架了。」

「又是你故意先鬧妹妹，對不對？」

「我已經寫完作業了。」

「寫這麼快？肯定是在亂寫！」

一聽到孩子所分享的事情，我們很容易根據先前的經驗與自我猜測，不自覺地脫口而出一些預設立場的吐槽之詞，而這些話語往往都損害著親子之間的溝通。

即使揭穿了、講中了，我們有得到什麼嗎？難道孩子會說：「哇塞～爸媽好準喔，怎麼這麼厲害？」根本不會，只會得到孩子因心虛而沈默不語或否認到底的結果。但假使我們講錯了，孩子得到的是爸媽大大的不信任感與極度的失望感。所以，不管是講對或講錯，都很有可能讓孩子下一次在我們面前什麼都不想說了。

我想聽你說話

後來又有一次，澤澤與我分享跟同學之間發生的事情。

「今天我跟同學吵架了。」澤澤一看到我來接他，沒多久就說了。

「是喔，跟誰？」

「跟某某。」澤澤說了同學的名字，是個女生。
「你跟女生吵架？為什麼？」我問他。
「因為她跟老師打我的小報告。」澤澤有些不太高興的樣子。
「她跟老師告你的狀喔？」雖然我想到的是「該不會是你故意去鬧女生吧?!」但是我忍住不說，反倒用略帶附和的回應方式繼續追問。
「對啊，她跟老師說，我害另外一個女生撞到。」澤澤說
「你看起來有點委屈的樣子，實際上是怎麼樣呢？」
「我們在一起玩，她們開玩笑叫我病毒，然後我在後面追著她們跑，說要傳染病菌給她們。結果有一個女生不小心撞到了，某某某就跑去跟老師說，是因為我追她們，才讓人受傷的。」
「原來是這樣，難怪你會不高興。老師有說什麼嗎？」我安慰澤澤。
「老師把我叫過去，小小叮嚀一下而已。還好啦。」
「了解，沒事就好。謝謝你告訴我這件事。」我牽起澤澤的手，繼續聊別的話題。
「好，我知道了。」「是喔～怎麼會這樣。」「了解，我明白了。」順著孩子的話給予回應，或是重複他所說的話，都傳遞出「我聽到你剛剛說的」以及「還想要繼續聽你說更多」的意涵。甚至可以同理孩子的情緒，搭配上相同的語氣來應答。像是孩子有點

生氣地說某件事時，我們可以帶點生氣的語氣說：「是喔，怎麼會這樣！」或孩子是有些難過地敘述，我們也可以用相同難過的語氣說出：「好的，爸爸知道了。」

通常可以跟孩子大聊特聊的爸媽，都知道該怎麼做出適當的回應；至於愛打斷、插話、講大道理、用預設立場來質疑孩子的爸媽，都會迫使孩子不知道該怎麼講，最後選擇不說算了。

唯有讓孩子感覺到「我想聽你說話」以及「我是懂你的」，才能促使孩子對我們講更多喔。

跟著澤爸一起練習親子溝通

孩子在與我們分享任何事情時，我們要說：

Tip

句型：「好，我知道了。」
「是喔，怎麼會這樣？」
「了解，我明白了。」

重點：帶著與孩子相同情緒的語氣回應，且不預設立場。

PART 6

表達關心的六種愛的話語

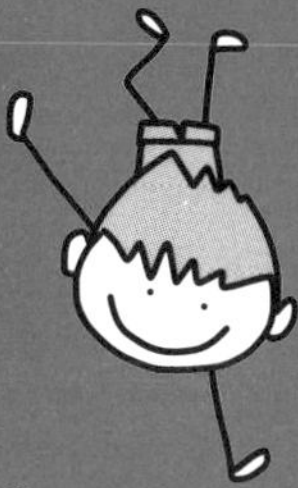

回歸教養初衷，對孩子愛從口出

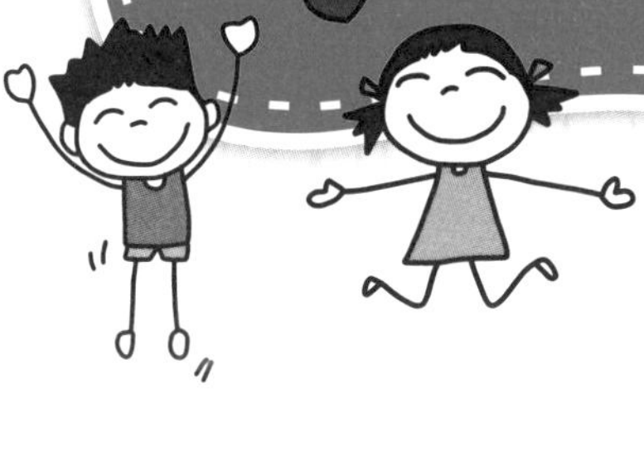

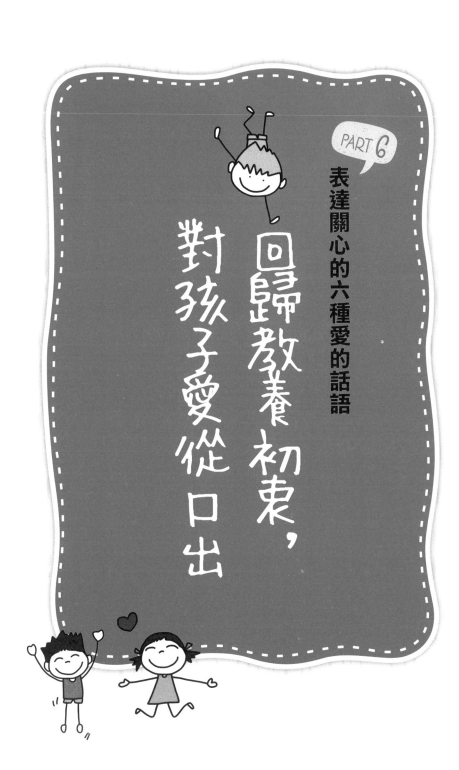

襁褓中的嬰兒，從慢慢地會發出聲音，到會爬、會走，他的每一步，爸媽彷彿看到太空人登上月球般的滿心歡喜與大聲稱讚：「你好棒喔！」「怎麼這麼會講話啊！」還會趁機拿出影片給親戚朋友觀賞，同時加上幾句誇獎之詞：「他幾個月早就在爬了。」「他真的好聰明喔。」

然而，隨著孩子的能力愈大，責任也跟著變重，像是幫忙照顧弟妹、玩具玩完要收好、放學後東西要放好歸位等等。甚至加上爸媽更多的要求，像是完全不准發脾氣、起床要整理床鋪、回家先寫功課、要幫忙煮飯與做家事等等。

所有的行為，爸媽會隨著孩子的發展，漸漸地視為理所當然，認為到了這個年齡本來就應該如此，所以孩子做到了，爸媽不發一語。可是當孩子不想做或有情緒了，爸媽就開始罵人、碎唸與處罰。

於是，脫離嬰幼兒階段後，爸媽對孩子的稱讚與誇獎逐漸減少，反倒是責備與批評取而代之，不僅充斥在日常生活中，還會當著外人的面，大聲斥責孩子，以顯示爸媽有在管教的心態。

還記得懷胎十月，爸媽對孩子的期望是什麼呢？不是賺大錢、考一百分，更不是多會做家事，而是「平安」、「健康」與「快樂」，這三個基本初衷。

孩子會做且願意做，當然很棒，因為正在學習對自我負責，更應該要給予鼓勵與稱讚之語，而非視為理所當然。當孩子不想做或做錯了，沒有關係，再次教導、小聲提醒、承擔後果與肯定相信，只要在成長路的上，有學會就好。

教養是一時的，親子關係才是一輩子的。教養小孩時，請不時地回想對孩子的初衷，不管孩子多大，請提供需要的安全感、耐心處理手足議題、同理心來回應情緒、不時地施予關心。然後，只要做對、做好與做得很棒，都請說出滿滿的「愛的話語」。

讓孩子感受到：我們在教你，但是也很愛你。

遇到手足衝突：「你們討論該怎麼做。」

面對孩子之間的衝突，爸媽最好的處理方式是不介入，除非有傷人的動作或言語，才出面制止。畢竟孩子之間會發展出自己處理衝突的方法，大人的介入有時反而讓情況更糟。

親子情境：手足之間產生爭執

花寶往電視櫃走去，突然看到了一個麋鹿樣式的小木雕，正拿起來在手上把玩時，澤澤一個箭步衝上來，立刻從花寶的手上搶走。

「你幹嘛搶走啦。」花寶立刻生氣大喊。

「因為這個是我的。」澤澤用毫不在乎的語氣說。

「哪是，這個明明是我的。」花寶反駁。

「是我放在這裡的，妳的自己去找。」澤澤轉身想要

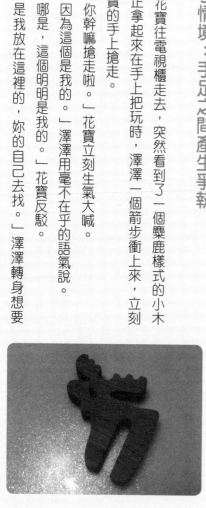

離開，不理妹妹。

「還給我啦！」眼看說不過哥哥，花寶想動手搶回來。

「做什麼啦？」澤澤緊緊握住手中的小木雕，語氣也開始大聲了。

於是兩人展開了大量動作戲碼的木雕搶奪戰。

「你們在幹嘛啊?!」早已聽到兄妹倆的爭吵，在一旁觀察的我講話了。

「還給我。」「是我的。」澤澤與花寶在爭執中，絲毫沒有聽見我的聲音。於是我走到他們身旁，要他們停止行動，不再繼續互搶。

接著，花寶開始大聲哭泣：「哇嗚……哥哥搶我的東西。」澤澤在旁邊氣呼呼的怒視以對，接著很快地出手打了妹妹一下。當然，妹妹也不甘示弱，邊哭邊揮手往哥哥身上抓去。

「好了，停下來，」我趕緊抓住兩人剛剛伸出去打對方的手，「現在統統沒有動手喔，等你們都氣完了再說。」我嚴厲地看著他們。

換個角度想

孩子與我們認為的不一樣

當手足之間起了衝突，假使我們說出了以下這些NG話語，反而會讓手足之間吵得愈頻繁，愈討厭對方。

「你們每天吵吵吵，吵死人了，統統去罰站。」

不管事情的過程，兩個都先處罰再說，這個方式表面看似公平，實際上卻會讓孩子內心產生「都是他害我被處罰」的責怪念頭。

「你是哥哥耶，讓一下妹妹。」

認為身為哥哥或姊姊的，就是要讓弟弟、妹妹，如此一來，只會讓哥哥、姊姊內心憤恨不平，然後討厭弟弟、妹妹的存在：「為什麼都要我讓他/她？如果他/她不在就好了。」甚至弟弟、妹妹的行徑愈來愈得寸進尺，因為他們認為「反正爸爸、媽媽都會幫我」，更學不會尊重兄姊。

「都是你的錯，把妹妹弄哭了，還不承認。」

一聽到哭聲，就認為哭的人被欺負了，然後大聲斥責另一方。如此會讓被罵的人內心大喊不公平：「明明是她先搶我的東西，為什麼只要她一哭，最後都變成是我的錯！」這也會讓愛哭的孩子愈來愈愛哭，每次一有爭執就用哭的，因為只要一哭，爸媽就來幫他了。

這樣說就解決了！

面對手足衝突的三個方針

我們要做的是：一個觀念、一個方向以及一個原則。

觀念：沒有手足是不吵架的，或許愈吵感情愈好，但我們的角色與立場一定要拿捏好。假使沒有拿捏好，孩子不會討厭爸媽，反而會責怪未來要相互扶持的手足。

方向：不要當孩子之間吵架時的裁決者，每一次爭吵都介入其中，詳細詢問細節，然後判斷誰對誰錯、誰要跟誰道歉。基本上，手足之間的衝突是屬於他們自己的事，對與錯不是重點，不管爸媽怎麼判決，一定會有一方不服。所以我們要當引導者，協助手足之間如何能夠開心的繼續玩下去。畢竟，當裁判一定會有一方不服，當引導者才會讓孩子之間的情感永遠聯繫。

原則：衝突是孩子的事，他們在找尋溝通的方法，我們以不介入為主。但是，只要某一方因情緒吵到不可開交、打人、用言語傷人，我們還是要介入，制止雙方的行為，讓他們的動作與話語先停下來。

記得，我們介入的目的，針對的是兩方的憤怒情緒、吵鬧時的傷害，還有打人的行為舉動，而非發生事件的是與非。

然後，等雙方情緒都穩定了之後，更重要的是教導他們下一次，在很生氣的情況下，除了打人與用言語傷人之外，應該要如何跟對方表達。

孩子自然會找到出路

「怎麼啦？你們幹嘛這麼生氣啊？」待他們的怒氣緩和之後，我用尊重他們情緒與感受的方式來詢問衝突的原因。

「哥哥打我。」花寶率先告狀。

「妳也有抓我啊。」澤澤不甘示弱。

「原來如此。爸爸看到你們兩個都很生氣的互相打了對方，但是更想知道，你們打人之前是為了什麼在吵架？」

「她拿我的東西，卻沒有問我。」澤澤秀出手上的小木雕給我看。

「那個明明就是我的。」花寶又快要哭了。

「好，我知道了。」我趕緊拍拍花寶的背，安撫她的情緒。

「你們都說是自己的？那怎麼辦呢？」我用問句把問題重新聚焦回他們身上，引發他們思考與討論，而非攬在我自己身上。

「不管啦，這個就是我的，妹妹去找她自己的。」澤澤說。

「這個真的是我的，我昨天放在這邊的。」花寶說。

「你們說的，爸爸都瞭解了。不過，你們再這樣堅持下去，只會繼續爭吵而已。不然，這一個先給我保管，等找到另一個的時候再還給你們，或者你們現在可以討論出一起玩的方式？」我提供兩個選項，引導他們進行下一步。

「妹妹，妳先拿去，但是等一下要還我。」澤澤想了一下，先釋出善意。

「這是我的，我不要還你。」花寶似乎還不讓步。

「妹妹，哥哥很棒，有找方法跟妳一起玩，所以請妳也要試著討論喔。」我先鼓勵了哥哥的行為。

「不然，等一下，爸爸陪你們一起找另外一個怎麼樣？」然後再次用問句提出另外的方法，讓花寶覺得安心。

「好啦，我玩完就還給哥哥。爸爸要幫我找到喔。」花寶也接受了我的提議。

「沒有問題。」我答應她。

至於那個小木雕到底是誰的？後續發展如何？其實一點都沒有那麼要緊。唯有裁決者才會針對誰是擁有者、誰把另一個弄不見等問題窮追不捨。

用「情緒與感受來了解原因」、「傾聽過程」、「採詢問句的方式來引發思考」，然後「給予選擇題」，最後讓兄妹倆願意討論，以及一起繼續開心的玩下去才是重點。

搭起手足間的情感橋梁

手足議題不僅在衝突的當下就要處理，其實在日常生活中，就要不經意地搭起手足間的情感橋梁，因為稱讚並不會自動加溫情感，唯有正向交流才會使他們的感情愈來愈好，而這個交流是需要我們推上一把的。

1. 多講雙方的情緒與感受

「你剛剛捉弄妹妹，妹妹很難過。」

「哥哥之前也有很開心的分享給妳。」

促使雙方多用同理的方式為彼此設想。

2. 提供合作／互相幫忙的機會

例如，平日讓他們一同整理家務、鼓勵兄妹倆一起去買東西、妹妹害怕進房間請哥哥陪她一下。

在互相合作與幫忙的情況下完成任務，爸媽再給予適當的稱讚，對於手足之間的情感有一定的加分效果，就如同社團夥伴共同努力完成表演一樣。

3. 錦上添花的描述

我們帶妹妹一人出遊時，有時讓妹妹幫哥哥挑一個小禮物，回家後跟哥哥說：「這是妹妹自己說要買給哥哥的禮物，你看妹妹多愛你。」

哥哥順手幫妹妹洗了碗，我們就會不經意地跟妹妹說：「哥哥知道妳有點累，所以幫妳洗碗，妳看哥哥有多愛你。要記得跟哥哥說謝謝喔。」

把確實發生的事情，加上錦上添花的描述，讓雙方感受到對方的好意，下一次換哥哥自動說：「爸爸，我想買個禮物給妹妹，好不好？」妹妹主動做：「哥哥，你的碗我已經洗好囉。」

4. 任何良好的互動都大大的稱讚

「你剛剛看到妹妹快跌倒了，趕緊過去保護她，真是好哥哥耶。」

不要認為孩子所有正確行為皆是理所當然的，像是哥哥照顧妹妹、弟弟禮讓姊姊等，而是看到一丁點的良好互動，都要大聲的稱讚，告訴孩子：你做得棒極了。

跟著澤爸一起練習親子溝通

面對手足之間的衝突時，我們要用四個方法來跟孩子說：

Step 1.

句型：「怎麼啦？為什麼這麼難過。」
「你看起來很生氣耶！」

重點：用情緒與感受的方式來詢問衝突的原因

Step 2.

句型：「好，我知道了。」
「原來如此，難怪你會這麼生氣。」

重點：傾聽，不當裁判

Step 3.

句型：「除了哭之外，還有什麼方法嗎？」
「假使借給妹妹玩具會怎麼樣呢？」

重點：多用問句來詢問，而非責備。

Step 4.

句型：「妳要繼續哭？還是直接去跟哥哥說呢？」
「你擔心妹妹弄壞，不然我在旁邊看她玩，如何？」

重點：給予思考的選擇題，而非要求聽話的命令句。

當孩子害怕時：「我陪你去。」

當孩子對爸媽有所要求，特別跟內心需要有關時，請放下手邊的事情陪孩子去做，就算真的有事情忙，也可以對孩子說多久後再陪他，不要讓孩子以後回想童年時，對爸媽的記憶只有總是忙著工作，沒時間陪伴自己。

親子情境：孩子不敢去洗手間

這一天凌晨約略六點多，突然大雨急驟，打在窗戶邊叮咚聲大響，而花寶被這陣雨給吵醒了。

花寶搖了我許久，待看到我睜開雙眼時輕聲地說：「爸爸，我想上廁所，你可以陪我嗎？」

我無力的回她：「妳自己去。」我家廁所就在房間外面一步之距離。

花寶：「但我會怕。」

我說：「不然，妳把兩邊的門都打開呢？」

花寶：「我不要，雨聲好恐怖，我要爸爸在廁所陪我。」

我拖著疲累且極度想睡的意識，內心交戰了一下子，立刻打起精神說：「好，爸爸陪妳去。走吧！」花寶展開笑容，跳下了床。而我也因為看到她的笑容，覺得做了對的回應。

換個角度想

理解孩子莫名的害怕

「爸爸，你可以陪我去嗎？」這句話在生活中時常出現。

當我們在客廳，而花寶想去廚房倒水時，她會說：「爸爸，你可以陪我去嗎？」花寶自己在玩，我去晾衣服，她說：「爸爸，不要走，你可以在這邊陪我嗎？」甚至，我在上廁所時，花寶會蹲在門口：「爸爸，我想要陪你，一點都不臭。」

「爸爸，陪我去洗手。」「爸爸，陪我去丟垃圾。」「爸爸，陪我去房間拿書。」不管我準備前往的地方就在旁邊，距離一丁點遠而已，或是她想去的地方，其實我看得到她，當她覺得這個空間只有她一個人時，心中有點莫名的害怕、感覺有點擔心、恐懼，就會希望大人可以陪她。有時候，孩子對於環境的改變容易不安，不僅是花寶，澤澤也會如此。

而我的回應通常都是：「好，爸爸陪妳去，因為我最愛妳了。」或是我手邊正在處理事情，沒有辦法立即陪她的時候會說：「可以啊，不過爸爸正在忙，妳可以等我十分鐘嗎？」即使再累、再煩、再忙。

這樣說就解決了！

「有爸爸真好」的甜蜜

我不是超人爸爸，也不是萬能爸爸，更不是有求必應的爸爸。單純只希望兄妹倆長大之後，回想起小時候的往事、談論起幼年發生的趣事時，可以有種「有爸爸真好」的甜蜜。特別是他們內心產生害怕、擔心與恐懼的情緒時，最能給予他們安全感的人，不就是孩子最需要的我們嘛！

我不希望孩子長大回憶童年時，只記得爸爸很忙，然後因害怕而想要我們陪同的時候，得到「我很累，你自己去！」、「妳都這麼大了，有什麼好怕的」、「爸爸在忙，找哥哥陪你去」這些表面上要求他們獨立，實際上卻是把他們輕易推開的答案。

因為，我知道總有一天，會懷念幫她擦拭嘴邊食物的時光、懷念兒子要我背他的日子、懷念一起洗澡一邊聊天的每一天，更會懷念要求我陪他去的每一次。

等孩子漸漸長大了，我們或許會得到愈來愈多「唉呦，你不要跟啦！」、「我自己去就可以了」、「我知道，你們趕快回去啦」的回應，那麼何不珍惜孩子尚需要我們的每分每秒呢？

跟著澤爸一起練習親子溝通

當孩子因為內心害怕而問：「可以陪我去嗎？」我們要說：

Tip 1.

句型：「好啊，我陪你去，因為我最愛你了。」

重點：讓孩子覺得有爸爸／媽媽真好。

Tip 2.

句型：「可以啊，不過我正在忙，你可以等十分鐘嗎？」

重點：讓孩子知道爸媽等下會陪他們，因而有安全感。

當孩子說討厭爸媽：「你這麼說，爸媽聽了會難過。」

每個人都會有負面情緒，特別是自我意識正在萌芽的孩子，一有不如意的事情時，比較容易哭鬧、生氣、對我們說出不好聽的話。有情緒是正常的，但是要讓孩子知道不可以影響到他人：不可以因為哭鬧，而打擾到餐廳裡其他人的用餐權益；不可以因為生氣，而亂丟、破壞玩具；也不可以因為發洩情緒，讓爸媽難過傷心。

親子情境：孩子因為電視而跟媽媽爭吵

「媽媽，我還想要再看一集電視節目。」孩子大聲喊著。

「不行，你已經看很久了。」媽媽回應。

「但是我還想要看嘛。」

「不可以就是不可以，請你關掉。」

「我不要關掉，就是要看。」孩子強硬地拒絕媽媽的要求。

「把遙控器給我，你不關，我關。」媽媽直接走上前去關掉電視。
「哼！媽媽壞壞。我最討厭媽媽了。」孩子癟著嘴生悶氣。
「好啊，你討厭我，我也不要喜歡你。」媽媽反嗆回去。

換個角度想

不要跟小孩說氣話

上述的親子對話，我在親戚與朋友家都聽到過。當孩子提出要求，像是想多看電視、想吃餅乾、想玩手機等，被爸媽拒絕後，孩子一不高興就脫口而出：「媽媽壞」、「我最討厭爸爸了」這些針對爸媽而非事情的傷人話語。

這些故意要讓聽的人難過的話，可能最早在孩子兩歲多就會出現了。而心裡受傷的爸媽，也會用親子之情來給予回擊：「我也最討厭你了。」「媽媽壞壞？你今天就不要來找我幫你。」或是認為孩子還小在亂說話，而不予理會：「好，媽媽最壞。」「是，知道你討厭我。」

其實，不管孩子的年齡多小，只要出現帶著言語攻擊與傷害的話語時，千萬不可以不理會，請一定要好好的管教孩子，讓他們知道對待長輩基本的態度與禮貌。

教導孩子對事不對人

「你可以因為媽媽不讓你看電視而生氣，但不能說討厭我，因為你說討厭媽媽，我聽了會難過的。」當聽到孩子說「我最討厭媽媽」時，應該要這麼回答他。

「你可以因為不讓你看電視而生氣」的意思是告訴孩子，他可以因為目的無法達到而有負面情緒；「但是不能說討厭我」是要跟孩子說，即使有負面情緒，還是有不可以做的事情；「你說討厭媽媽，媽媽聽了會難過」則是用情緒與感受的方式，讓孩子聽懂為什麼不可以這麼說。

情緒沒有對錯，只是有沒有影響到他人。此時，要讓孩子知道「**你可以有情緒，但是請對事不對人**」。爸媽的確拒絕你，但是請針對事情來討論，而非把氣出在爸媽身上。

用愛來產生連結

假若孩子依然繼續說：「媽媽本來就壞壞。」「不管，我要讓媽媽難過。」或是年紀尚幼聽不太懂，我們可以用愛的行為來產生與他的連結。

有一次，花寶因為生氣，於是對陪她的我說：「我不愛爸爸，爸爸走開。」

「妳說不愛爸爸，我問妳，平常是誰載妳上學的？」

「爸爸。」花寶有點不太好意思的看我。

「晚上睡覺前，是誰唸故事書給妳聽的呢？」

「是爸爸。」花寶又指了指我。

「當妳說無聊想玩遊戲時，又是誰陪妳一起玩呢？」

「還是爸爸。」

「妳覺得爸爸為什麼會為妳做這些事情？」我問。

「因為爸爸愛我。」

「對啊，因為我非常非常愛妳，所以願意陪妳做許多事情。既然爸爸這麼愛妳，請不要說這些讓爸爸聽了會傷心的話，好嗎？」

「好，我知道了。爸爸，對不起。」花寶聽懂我想表達的意思。

「沒有關係，花寶愛爸爸嗎？」

「我最愛爸爸了。」花寶雙手環抱了上來。

「我也最愛妳了，小寶貝。」我也緊緊的把她抱著。

「你怎麼還這樣講啊?!真的是很不聽話耶！」「你再說一次，就去罰站。」若是用批評與處罰的方式，只會讓孩子因為害怕而不敢講，而不是真心懂得為什麼不能說。唯有「講情緒與感受」以及「用愛的行為來產生連結」，才能真正讓孩子聽進心裡、記在腦裡，然後說出貼心的話語喔。

跟著澤爸一起練習親子溝通

當我們拒絕孩子後，孩子說：「我最討厭媽媽了。」我們要說：

Step 1.

句型：「你可以因為媽媽不讓你看電視而生氣，但不能說討厭我，因為你說討厭媽媽，我聽了會難過的。」

重點：可以有情緒，但是請對事不對人。

Step 2.

句型：「爸爸很愛妳，請不要說這些讓我聽了會很傷心的話。」

重點：用愛來產生連結。

別把另一半當壞人：「你試試看，媽媽會很開心。」

沒有人想要成為孩子心目中的壞人，理想狀態下，大家都想當白臉，但現實狀況是，孩子不會一直是天使，有情緒的孩子就是會變身成為惡魔，對著我們大哭大鬧，踩著規矩的底線不斷地試探。在親子衝突的當下，最好的處理方式唯有給予有規矩的自由，並在孩子踩到規矩時有所堅持。

親子情境：用媽媽會生氣來要求孩子吃飯

「你再這樣，媽媽等一下看到會生氣喔！」

某次在餐廳吃飯時，聽到隔壁桌的爸爸對孩子說了這句話。我抬頭一看，似乎是孩子不願意吃飯。在爸爸百般勸說下，這孩子小小口吃了一點後，就用力的搖頭拒絕，大喊「我不要吃」，不管爸爸怎麼說，真的不吃就是不吃。

後來，那位爸爸接了一通電話，立刻眼神一挑，對孩子說：「媽媽快要到囉，我是好心提醒你，如果不想要媽媽生氣，現在就趕快吃完。」只見孩子皺著眉頭，悶著氣，大口地用力咬著飯，在媽媽的腳步聲靠近之前，快速地吞嚥掉。

換個角度想

孩子會聽是因為大人堅持

「你再不去做，我一定會跟爸爸說。」「假使等一下讓媽媽知道，你就完蛋了。」在孩子面前，把另一半當成壞人來施以恐嚇，讓孩子去做符合自己要求的事情，這樣的人其實背後隱藏著「我對孩子沒轍」、「沒有耐性去處理」或「根本不願意想辦法」的真實意涵。

他們甚至會拉出其他人：「你再不聽話，我叫警察伯伯來抓你喔。」「你又挑食，要我寫聯絡簿告訴老師嗎?!」以狐假虎威的要脅口吻來逼迫孩子就範，然而拿來當作老虎的對象，卻是孩子最愛的人（另一半），或是可能會幫助到孩子的人（警察、老師）。

這種把另一半或他人當成壞人的狠話，反而會讓孩子內心對那人產生莫名的恐懼與距離感。難道我們希望孩子害怕爸爸或媽媽嗎？難道我們希望孩子真正遇到危險時，因為恐懼而不敢去找眼前的警察嗎？

孩子比較聽爸媽之中某一方的話，絕對是因為面對孩子哭、鬧、耍賴的所有狀況，有著相當程度的堅持，以及比較有方法去應對。不會因為哭而手足無措、不會因為鬧而不斷妥協、更不會因為耍賴而雙手投降。

知道再怎麼哭鬧都沒有用，就是孩子會聽話的原因。

既然在教養的路上，堅持是對的，找方法是正確的，為何卻要背上壞人的名號呢?!

這樣說就解決了！

給予孩子期待

除了自身要有點耐性、不以打罵當作手段、願意傾聽孩子的想法，在堅持的方向上找尋雙贏之外，如果要拿另一半當作驅使孩子前進的動力與方法，用不著當成壞人，只要給予孩子期待的願景即可。

告訴孩子，當他辦到時，另一半的心情會是如何：「假使你把青菜吃下去，我等一下跟媽媽說，相信媽媽一定會很開心的。」相信孩子已經可以想像到媽媽因為他吃下青菜的開心臉孔，然後期待媽媽的稱讚而勇敢吃下去。

告訴孩子，當他辦到後，另一半可以一起與孩子做些什麼快樂的事情：「你在爸爸下班前做完功課，這樣爸爸一回來就可以陪你玩。」相信孩子已經可以想像到與爸爸玩樂的愉快場景，然後因為期待與爸爸一同玩耍而加緊寫完功課。

給予動力與動機，使孩子的內心有著滿心期待的願景，絕對遠比拿另一半當壞人的恐嚇來得更加有用，而且親子之間的關係還會更上一層樓。

跟著澤爸一起練習親子溝通

當我們找不出對孩子的教養方法，要拿另一半當作理由時，我們要說：

Tip 1.

句型：「假使你願意試試看，相信媽媽一定會很開心的。」

重點：讓另一半的稱讚成為孩子的動力。

Tip 2.

句型：「你只要在爸爸回來前做完功課，爸爸一回來就可以陪你玩。」

重點：讓孩子想像接下來的愉快場景。

當孩子做了爸媽提醒過的事：「你有沒有怎麼樣？」

如果要票選孩子最不喜歡聽見爸媽說的一句話，「看吧，我是不是早就說過了」一定會榜上有名。通常爸媽說這句話的用意，只是想告訴孩子某些問題老早就提醒過，但孩子不聽，結果真的被料中了，所以下一次要記得改過來。但聽在嚐到失敗經驗的孩子耳朵裡，只會覺得被爸媽取笑，體會不到背後擔心的意涵。因此遇到這樣的情況，爸媽不如直接跟孩子討論下一次怎麼做會更好，反而更能貼近孩子的心。

親子情境：孩子考試沒考好

「你複習了嗎？」我拿著聯絡簿問澤澤，有一項功課是複習隔天的國文小考。

「沒有。」澤澤搖搖頭。

「是喔，你不複習？我跟媽媽可以幫忙考你啊。」

「不用啦！我都會。」澤澤一副很有自信的樣子。

「這麼有信心？」我問。

「對啊，沒有問題。」

「好，相信你。你自己知道就好。」

「怎麼樣？國文考得如何？」隔天放學，我問澤澤。

「不好。」澤澤有些沮喪。

「考卷呢？我來看看。」我伸出手。

「在這邊。」澤澤從書包拿考卷給我。

「你看吧，我是不是早就說過了，該複習的就是要複習嘛。這些字你寫錯了，就表示你不會。既然不會，昨天還很肯定的說沒有問題，我都會。」我語氣平和地對澤澤說，並沒有責備的意思。但是澤澤一句不吭。

「你幹嘛不說話？」我拍拍他。

「我不喜歡爸爸這樣說我。」澤澤低著頭，癟著小嘴。

「我說了什麼？」我充滿疑惑，不知道說了什麼讓他傷心的話。

「就你剛剛說的那些話有種不相信我的感覺。」

「爸爸想說的是，我昨天有提醒過你這件事。」

「我知道，但是我也不想考不好，我真的覺得我都會。爸爸說『我是不是早就說過了』，表示你從昨天開始就認定我一定會考不好，而且還說相信我，其實根本沒有。」

原來，我一句不經意的話，反倒讓澤澤有種不被信任的感覺。

換個角度想

關心卻變成落井下石的話語

提醒著「小心，要拿好碗喔」，結果孩子還是不小心摔了碗；提醒著「你不要爬上去，會跌倒」，孩子堅持要爬，結果真的跌了一跤；提醒著「要記得整理書包喔，不要忘記帶東西了」，孩子不想整理，結果真的忘記帶東西到學校。

爸媽會設想到後果，對孩子作出提醒，只是當提醒的事件發生了，我們很容易脫口而出：「看吧，我是不是早就說過了。」雖然我們想表達的是：「爸媽有提醒過你，結果真的被我料中了，所以下一次要聽話、記得。」只是聽在孩子的耳朵裡，卻只有調侃、落井下石、事後諸葛以及放馬後砲之嫌，這些都會讓他的內心產生不信任以及被取笑的感覺。

事情發生的當下，孩子一定也很不好受，碗破了會害怕、跌倒了會難過、東西忘記帶了會緊張。這很像我們創業失敗了，被長輩唸：「看吧，我是不是早就說過了，你這樣投資一定有問題嘛！」工作上的報告寫錯了，被主管講：「看吧，我是不是早就提醒過了。講了，就要認真記住。」此時的我們也一定感到受傷。

既然已經發生了，也無法挽救，比起說出「我是不是早就說過了」，還不如**先關心孩子的心情，然後一起討論「下一次可以怎麼做會更好」**。

這樣說就解決了！

討論下一次怎麼做會更好

「謝謝兒子，告訴爸爸你內心的感覺。」我誠懇的對澤澤說，並且關心他的心情，「國文考試沒有得到預期的結果，你還好嗎？心情有沒有受影響呢？」

「嗯……還好啦！」澤澤聳了聳肩。

「沒事就好。你覺得為什麼會這樣呢？」我問。

「我寫功課的時候寫過幾遍，就認為我會了。只是沒想到考試的時候，腦袋根本想不起來。」澤澤說。

「你覺得下一次怎麼做可以避免呢？」我希望澤澤可以直接從中得到經驗。

「應該至少在考前一天，再翻一下課本確認。」

「這種方法聽起來不錯，如果你需要我跟媽媽幫忙，請務必跟我們說。」

「好啊，如果需要有人幫忙考試的話，我會跟你們說的。」

「沒有問題。我跟媽媽很樂意幫你的。」

孩子摔了碗，我們先關心他害怕的心情，然後一起練習拿好碗的方法，或解釋不能邊吃邊玩的原因；孩子跌倒了，我們先關心他難過的心情，然後討論看看怎麼玩會是比較安全的方式；東西忘記帶到學校，我們先關心他緊張的心情，再一起研究怎麼記得把東西放進書包與檢查的程序。

做錯永遠不是重點，做錯了才有練習如何進步的機會，即便這個錯是我們提醒過的。所以，不用說些落井下石的話語，來期望孩子將來都要聽話。爸媽要做的，先關心孩子的情緒，然後帶領孩子從中學習到如何進步，唯有讓孩子有直接體會的經驗，才是最棒的領悟。

同時，孩子也會感受到，做了爸媽提醒過的事情，不會有種被調侃與取笑的感覺。取而代之的，絕對是滿滿的關心與愛。

跟著澤爸一起練習親子溝通

孩子做了爸媽提醒過的事，我們要說：

Step 1.

句型：「你有沒有怎麼樣？」

重點：關心孩子的心情。

Step 2.

句型：「你覺得之後該怎麼做才可以避免呢？」

重點：下一次怎麼做會更好。

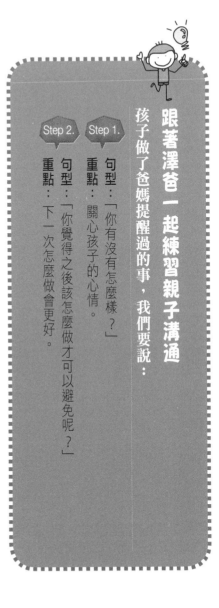

孩子放學大喊累時：「孩子，上學辛苦啦！」

聆聽孩子的抱怨，陪著他一起訴苦、同理他的心情，只要孩子該做的依然會做，抱怨完後依然準時上學、訴苦完後依然把功課寫完、內心有壓力但依然願意去面對考試，那就停止我們的高見、批評與說服吧！

親子情境：孩子放學回家，什麼都不想做

澤澤放學一回到家，立刻把書包、餐袋、外套、襪子統統亂丟在地上，整個人癱在沙發上，高聲大喊：「好累喔。」

有時我與老婆看到了會說：「等一下要記得放好喔。」雖然澤澤回答「好」卻依舊躺在沙發上沒有動作，有時一躺就將近半小時。看他躺了這麼久，甚至起身是為了翻閱自己喜歡的課外讀物，我們也會做些提醒：「休息一下就要寫功課囉。」

終於，澤澤打開他的書包，拿出今天該寫的功課時，又再度高聲吶喊：「好累喔～真不想寫功課。」「好煩喔！我不想撿地上的東西。」

換個角度想

上課學習並不輕鬆

曾經，澤澤說的這些話被一位來我們家作客的長輩聽到，他立刻對澤澤說：「念個書而已，有什麼好累的。」其實，我與老婆對於長輩的這句話不以為然，因為我們從來不覺得上課學習是一件輕鬆的事情。

通常會認為當學生不應該喊累，是大人經歷過上班的艱難與賺錢的辛苦後，才體會到的比較級，於是對孩子說出：「念個書而已，有什麼好累的。」「你每天不就上課、吃飯、玩，這麼輕鬆還喊煩。」「你不就是個學生，有什麼壓力啊！」這類孩子聽不懂大人為何要這麼說的話語。

我們成為爸媽後，可能早已忘了自己當年被讀書壓力壓得喘不過氣的時光：補習、考試、復習……等。現在要我們從早上八點一直在教室裡待到下午四點，每天一小考、兩個月一大考，相信願意的大人應該不多吧。

既然如此，我們用不著說出自以為是、倚老賣老的論調，只要孩子該做的最後還是會做，我們同理他的累跟他的煩就可以了。

這樣說就解決了！

同理孩子的累與煩

孩子放學後高喊：「好累喔。」

我們可以說：「兒子，上學辛苦啦！需要爸爸抱抱嗎？」

孩子寫功課時，不耐煩的說：「好煩喔，不想寫啦！」

我們可以說：「覺得煩的話，要不要休息一下再寫呢？」

孩子準備考試時，說：「我不喜歡考試，壓力好大喔。」

我們可以說：「對啊，爸爸也不喜歡考試。考完試後，帶你外出走走好了。」

從話語跟對談之中，讓孩子感覺到我們是陪著他、懂他與理解他，然後一起面對與經歷這些苦悶、不情願與壓力，真的就足夠了。

一起享受生命中的「慢慢來」

在這個資訊爆炸，速度飛快，什麼都要看到效率的年代，甚至因為爸媽都在上班或孩子要去補習班等因素，親子相處的時間愈來愈少，於是希望任何事情都愈快愈好，可以立刻看到成效。

孩子放學一回到家，就必須先把功課都做完，不能喊累。
花錢在補習與才藝上，就要求快速看到成果，不能懶惰。
吃飯催促吃快點、洗澡大罵洗太久，生活都照計劃表走，不能延遲。
當生活有如強拉著孩子快步賽跑時，是否忘記牽著孩子的手，一起沈浸在生命中的美好呢？

上下學途中，可以與孩子聊聊天，分享今天的一切；課餘時間，可以從事親子活動，創造共同的回憶；當孩子大聲喊累的時候，可以關心彼此的情緒與煩惱，聽聽傾訴的話語。偶爾，讓我們變成烏龜、孩子變成蝸牛，共同享受生命中的「慢慢來」。

教養，不是跑在前方強拉著孩子，也不是盯在後方踢孩子前進，猛盯著一舉一動，而是牽起孩子的手，漫步在他身旁，看看天空的變化，聽聽流水的潺聲，陪同互相的成長，一同感受這個世界的律動。

生命的價值，不在於何時走到了終點，而是回過頭看，一同經歷了多少的足跡。世界愈快，對孩子卻要愈慢。

跟著澤爸一起練習親子溝通

孩子放學有氣無力，大喊：「好累喔！」我們要說：

Tip

句型：「兒子，上學辛苦啦！需要爸爸抱抱嗎？」

附錄

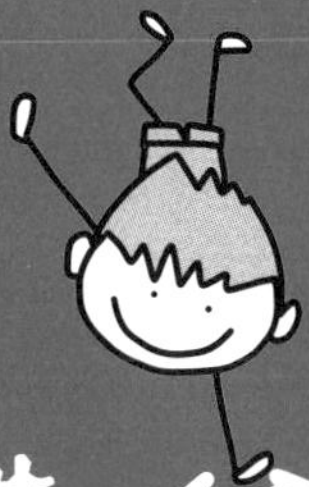

爸媽與孩子的雙向溝通SOP

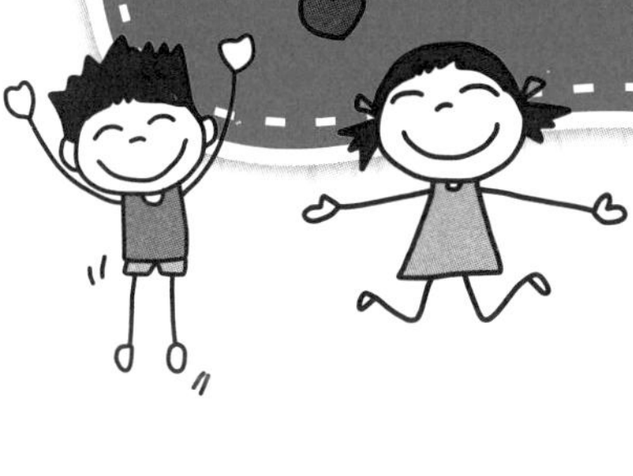

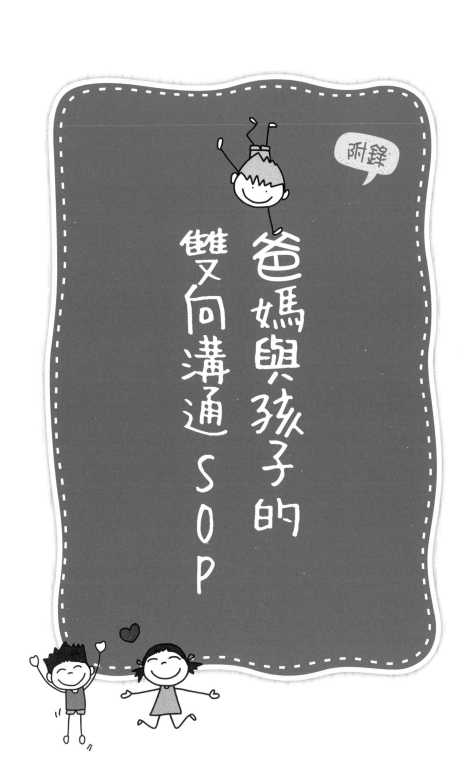

聽到孩子的話語，忍不住心中的情緒，上前責備與叮嚀幾句；看到孩子的行為，理智壓不住情緒，立刻碎唸及批評數次。但說了之後就開始後悔，剛剛怎麼又罵他了，應該要聽他說的。在親子溝通的路途上，爸媽很容易感到不知所措，彷彿陷入講也錯、不講也錯的窘境。其實，我們只要內心有著親子溝通的ＳＯＰ就好。

親子溝通ＳＯＰ是依照雙向溝通的定義：「孩子內心有事，願意跟爸媽說」與「爸媽說的話，孩子願意聽得進去」這兩種方向而來的，細節又可分為以下六種類型：

1. 傾聽：孩子找我們分享任何事情，或孩子述說著我們問他的問題。

2. 教導：看到、聽到與知道孩子的言行舉止碰到了教養的規範，進而要教他，或者期許可以再更好。

3. 討論：爸媽的意見與孩子的想法不一致。

4. 聊天：傾聽為當中的一環，雙方皆是毫無目的的談天說地與分享。

5. 詢問：孩子因為對事物的好奇心與疑問來詢問爸媽，以及爸媽對於孩子的言行與情緒所產生的詢問。

6. 感受：溝通的同時，讓孩子感受到我們是支持與相信他，跟他是同一國的。

面對親子溝通，即使有SOP，但人是活的，方法是死的；可以依著親子溝通SOP來當作束手無策與不知如何進行的參考，但是絕對要在每一個當下，隨機應變來做出回應與說出好話。親子溝通，沒有最好的方法，只有最適合的。不管是對於孩子的個性與發展、當場的情境與環境，都要好的耐性與情緒，試著做做看、努力說說看，相信親子之間的關係肯定會愈來愈好，溝通也會愈來愈順暢。

爸媽與孩子的雙向溝通 SOP

溝通流程與做法　溝通原則

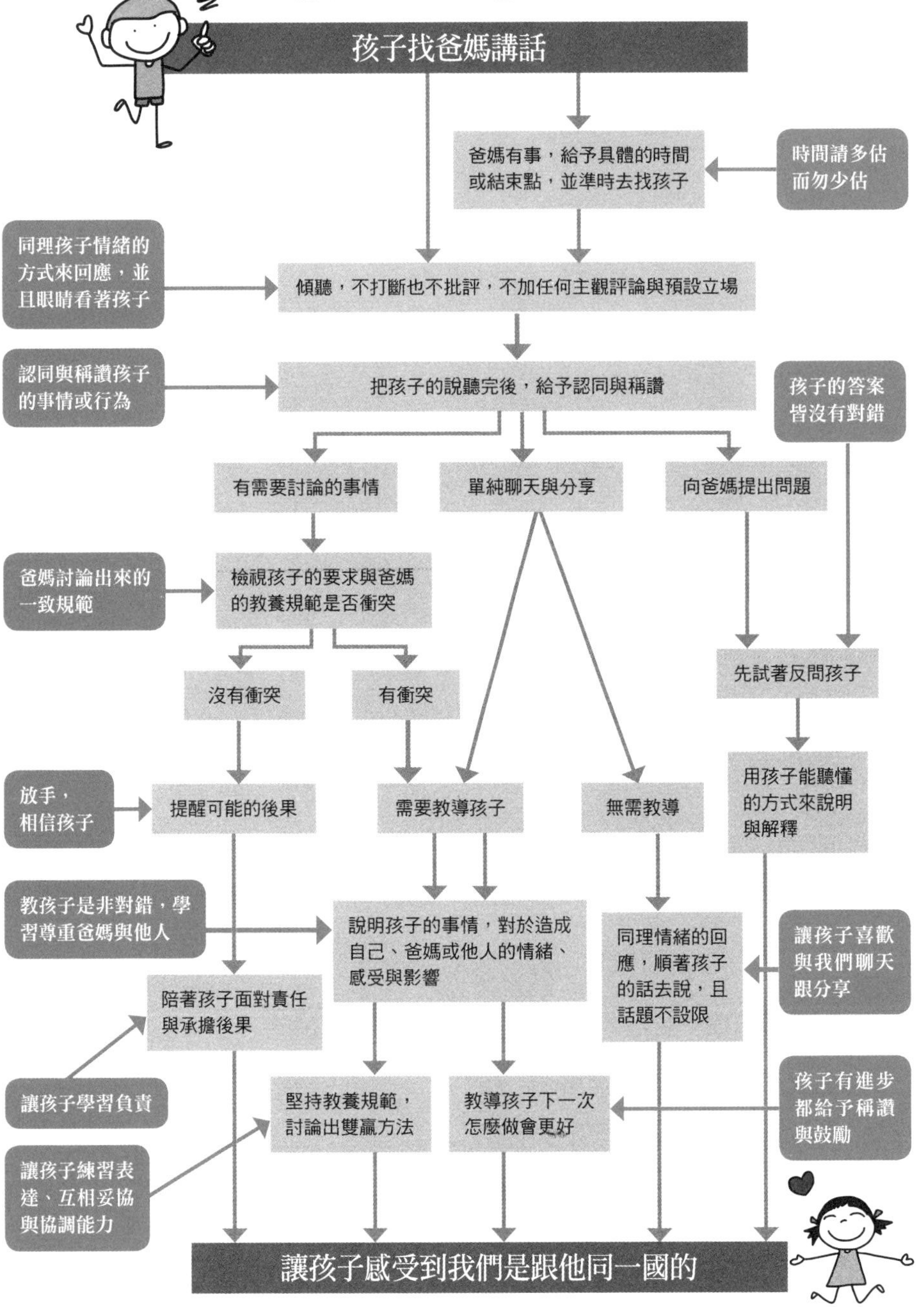

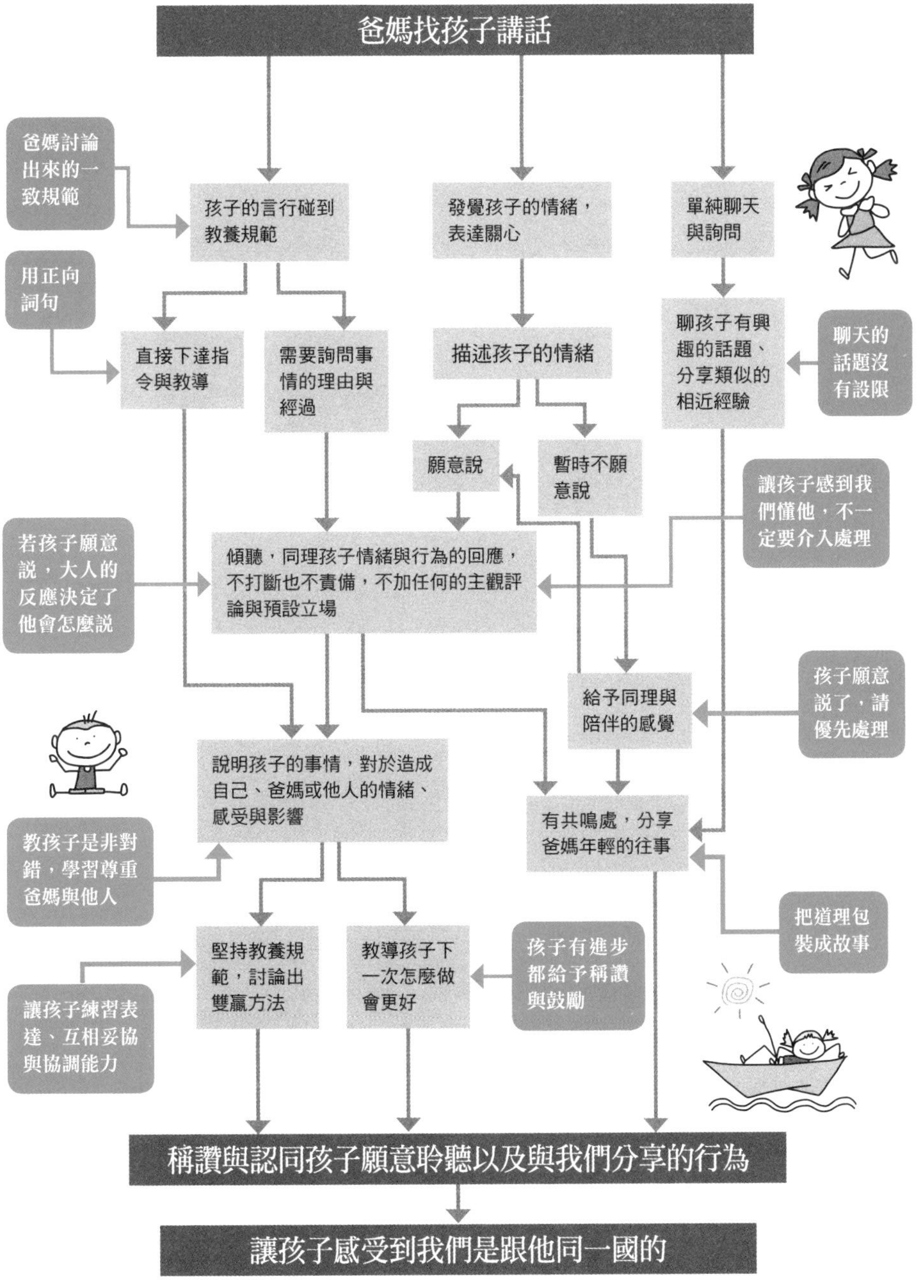

爸媽找孩子講話
爸媽討論出來的一致規範
孩子的言行碰到教養規範
發覺孩子的情緒，表達關心
單純聊天與詢問
用正向詞句
直接下達指令與教導
需要詢問事情的理由與經過
描述孩子的情緒
聊孩子有興趣的話題、分享類似的相近經驗
聊天的話題沒有設限
願意說
暫時不願意說
讓孩子感到我們懂他，不一定要介入處理
若孩子願意說，大人的反應決定了他會怎麼說
傾聽，同理孩子情緒與行為的回應，不打斷也不責備，不加任何的主觀評論與預設立場
給予同理與陪伴的感覺
孩子願意說了，請優先處理
說明孩子的事情，對於造成自己、爸媽或他人的情緒、感受與影響
有共鳴處，分享爸媽年輕的往事
教孩子是非對錯，學習尊重爸媽與他人
把道理包裝成故事
堅持教養規範，討論出雙贏方法
教導孩子下一次怎麼做會更好
孩子有進步都給予稱讚與鼓勵
讓孩子練習表達、互相妥協與協調能力
稱讚與認同孩子願意聆聽以及與我們分享的行為
讓孩子感受到我們是跟他同一國的

family field 親子田 親子田系列 025

世界愈快，對孩子說話要愈慢：
澤爸 42 個慢溝通提案，幫爸媽戒掉情緒恐嚇式的快教養

作　　者　魏瑋志（澤爸）
總 編 輯　何玉美
選題企劃　陳鳳如
責任編輯　李嫈婷
封面設計　周家瑤
封面攝影　林衍憶
照片提供　魏瑋志（澤爸）
內頁設計　黃淑雅
內文排版　林淑慧

出版發行　采實文化事業股份有限公司
行銷企劃　陳佩宜・黃于庭・馮羿勳
業務發行　張世明・林踏欣・王貞玉・林坤蓉
國際版權　王俐雯・林冠妤
印務採購　曾玉霞
會計行政　王雅蕙・李韶婉
法律顧問　第一國際法律事務所　余淑杏律師
電子信箱　acme@acmebook.com.tw
采實官網　www.acmebook.com.tw
采實粉絲團　www.facebook.com/acmebook01

ISBN　978-986-94644-3-7
定　　價　320 元
初版一刷　2017 年 05 月
初版五刷　2022 年 04 月
劃撥帳號　50148859
劃撥戶名　采實文化事業股份有限公司
104 台北市中山區南京東路二段 95 號 9 樓
電話：(02)2511-9798　傳真：(02)2571-3298

國家圖書館出版品預行編目資料

世界愈快，對孩子說話要愈慢：澤爸 42 個慢溝通提案，幫爸媽戒掉情緒恐嚇式的快教養 / 魏瑋志著. -- 初版. -- 臺北市：采實文化，民 106.05
面；　公分
ISBN 978-986-94644-3-7(平裝)

1. 親職教育 2. 親子溝通

528.2　　106005179

采實出版集團 ACME PUBLISHING GROUP